My stage is my kitchen

My stage is my kitchen

Theatermenschen kochen
unter der Regie von Corona

Eine Rezeptsammlung,
kuratiert in wirren Zeiten
von Lilli Nagy

Wolfgang Pfeifenberger Verlag

Vorwort

Foto: Lukas Beck

Die Idee zu dieser Rezeptsammlung entstand während der coronabedingten Schließung aller Wiener Theater im Frühjahr 2020. Von einem Tag auf den anderen durfte ich als Theaterbetriebsärztin plötzlich keinen persönlichen Kontakt mehr zu Theatermenschen haben. Die Ausstellung von medizinischen Rezepten und Überweisungen erfolgte telefonisch und auf elektronischem Weg. Viele sagten mir, Kochen wäre jetzt eine ihrer Hauptbeschäftigungen.
Da dachte ich: Warum nicht Rezept gegen Rezept tauschen? Bewährtes Blutdrucksenkendes und Beruhigendes gegen Neues und Entdeckenswertes aus der Kulinarik?
Innerhalb weniger Wochen durfte ich theaterübergreifend mir bis dahin völlig unbekannte Kochambitionen von Theatermenschen kennenlernen. Die in dieser Rezeptsammlung vertretenen Kochprofis agieren im wirklichen Leben in den Bereichen Schauspiel, Regie, Dramaturgie, Bühnen- und Sicherheitstechnik, Kostümbild, Portierloge, Reinigung und Theaterleitung sowie Theateradministration.
Für all die Mitmachfreude, lustigen Telefonate, weiterführenden Diskussionen und vor allem die unerschöpfliche Kreativität bei der individuellen Gestaltung der Rezepte sei allen auf das herzlichste gedankt.

Lilli Nagy
August 2020

Inhaltsverzeichnis

Appetitanregendes

8	Udo Samel, Kulinarisches Corona-Tagebuch
10	Brigitte Aghemwenhio, Baguette
12	Corina Lange, Lieblingsmaronicremesuppe
15	Stefanie Dvorak, Sauerkrautsuppe
17	Brigitte Karner und Peter Simonischek, Zwiebeltarte
20	Peter Simonischek, Linsensuppe
22	Sabine Haupt, Gado Gado / Frankfurter Grüne Soße
25	Robert Joseph Bartl, Schwarze Olivenpaste
28	Barbara Petrisch, Chicorée-Aufstrich
30	Andrea Unger, Essiggurken
32	Alexandra Henkel, Sultan's Traum
34	Rainer Galke, Mettigel
37	Lucy McEvil, Russische Eier
39	Steffi Krautz, Häckerle

Gesundes und Deftiges

40	Dörte Lyssewski, Rotkraut
42	Martin Vischer, Grüner Spargel
44	Otmar Klein, Chili sin carne para saxofonistas
46	Daniel Jesch, PVLS / Fermentierter Knoblauch
48	Doris Jaindl, Melted Melanzani
50	Elisabeth Orth, Quarantäneauflauf
52	Peter Knaack, Taglierini mit frischem Spargel und Morcheln
54	Sven-Eric Bechtolf, Pasta al limone
56	Karin Bergmann, Pasta mit Salami und Oliven
58	Alma Hasun, Karotten-Ziegenkäse-Quiche
61	Christoph Krutzler, Grammelpogatscherl
64	Helmut Kulhanek, Gefüllte Paprika
66	Monika Yilmaz, Hortobágyi Fleischpalatschinken
69	Caroline Peters, Gänsebraten à la Johanne
72	Hans Mrak, Wildschweinbraten / Hasenöhrl
78	Günther Wiederschwinger, Greutschacher Topfennudel
80	Almasa Jerlagić, Šiš ćevab
82	Nikolaus Habjan, Brambory
84	Lena Fuchs, Kassler mit Sauerkraut
86	Andre Pohl, Huhn in Knoblauch-Weißwein-Sauce
88	Portierloge Burgtheater, Hühnerbrust à la Leiwand
90	Karl Heindl, Sanshoku Bento / Chinesisches Schweinefleisch

	93	Norman Hacker, Fischrezept
	95	Lilli Nagy, Marinade für Garnelen, Thunfisch oder Steaks
	97	Hermann Scheidleder, Faschierte Laibchen
	100	Zóltan Röszler, Gefülltes Kraut
	102	Bernhard Knapp, Knuspriger Kümmelbraten à la Dragi
	104	Sona MacDonald, Margarita Classic
Süßes	107	Markus Meyer, Topfentorte ohne Boden
	110	Stefanie Dvorak, Apfelnockerln
	112	Paul Wolff-Plottegg, Dessert im Glas
	115	Regina Fritsch, Wörter-Torte
	117	Brigitte Aghemwenhio, Napoleonshütchen
	119	Matthias Riesenhuber, Apfelmousse-Schnitten
	121	Hermann Beil, Poetische Geburtstagstorte
	124	Dietmar König, Franzbrötchen
	126	Philipp Hauss, Berry Trifle
	129	Sabine Haupt, Beerentörtchen
	131	Thomas Hajny, Topfenknödel mit Marillenkompott
	133	Andrea Unger, Kardinalschnitten
	136	Kurzbiografien der Autorinnen und Autoren in Selbstbeschreibungen

Udo Samel
Schauspieler

Udo Samel traf ich außerhalb des Burgtheaters immer wieder im Dorotheum – er auf der Suche nach geschnittenen französischen Glasvasen, ich nach Buchstützen aus Keramik. Seine Vasen stehen jetzt in Berlin.
Auf meine Frage nach einer Teilnahme am Rezeptsammelprojekt hieß es: »*So was hab' ich doch schon. Seit Beginn der Coronazeit schreibe ich nämlich täglich auf, was ich koche und esse. Wenn das passt, stelle ich gerne einen Ausschnitt zur Verfügung.*« Es passt!

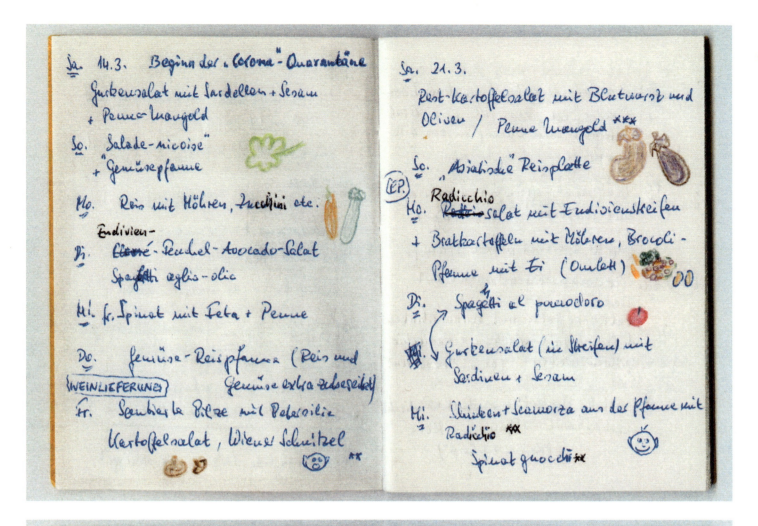

Brigitte Aghemwenhio
Lohnbüro
Theater in der Josefstadt

Als hochambitionierte Köchin verwöhnt Brigitte nicht nur ihre Familie, sondern auch ihre Kolleginnen anlässlich hausinterner Feiern. Von ihr stammen zwei Rezepte, weil wir uns nicht für eines entscheiden konnten! Den Auftakt macht ein Baguette, passend zu vielen hier vorgestellten Gerichten.

Baguette

- 10 g Germ
- 1 TL Zucker
- 300 ml Wasser, lauwarm
- 380 g Mehl
- 1 TL Salz

Germ zerbröseln, mit Zucker bestreuen und in Wasser auflösen.
Mehl und Salz zugeben und mit einem Kochlöffel unterrühren.

Backrohr anwärmen: 35-40°C

Teig zudecken und im Rohr 45 Minuten gehen lassen.
Bei Zimmertemperatur dauert es 2 Stunden.

Arbeitsfläche bemehlen und den Teig darauf schütten.

Backrohr vorheizen: 240°C Heißluft
Blech mit Backpapier belegen.

Teig mit Mehl bestreuen und mit einer Teigkarte Stangen abtrennen.
Vorsichtig aufs Blech legen.
Einen Topf mit Wasser dazustellen.

18 Minuten backen und frisch genießen.

Aghemwenhio Brigitte

Corina Lange
Künstlerische Direktion
Burgtheater

Mein erster Eindruck von Corinas Kochkünsten war die beste Karottentorte, die ich je gegessen habe, serviert anlässlich des Geburtstags ihres Mannes Martin in einem irischen Lokal voller Bücher im 9. Bezirk. Das Lokal existiert mittlerweile nicht mehr, die Kochkunst jedoch bleibt.

Lieblingsmaronicremesuppe

Für 4 Personen

300 g gekochte Maroni
1 Zwiebel (Schalotte oder rote)
1 EL Butter
1 TL Zucker
800 ml Hühnerbrühe
2 EL Portwein
1 Zweig Rosmarin
1 Lorbeerblatt
200 ml Schlagobers
4 Scheiben Parmaschinken
150 g Parmesan
4 Blätter Radicchio
Salz und Pfeffer

Backofen auf 200°C (Ober-/Unterhitze) vorheizen. Parmaschinken auf ein Backblech legen und ca. 10 Minuten kross trocknen. Aus dem Ofen nehmen. Währenddessen den Parmesan fein reiben. Auf ein Backblech kleine Häufchen schichten und mit Löffel zu Talern formen. Zwischen den Talern Abstand lassen. Im Backofen ca. 6 Minuten kross backen. Beim ersten Mal beobachten, wenn sie zu dunkel werden, werden sie bitter! Sollten golden gefärbt sein. Aus dem Backofen nehmen und auf Gitter abkühlen

lassen oder noch heiße Chips um einen Kochlöffelstiel legen und biegen.
Schalotte in Würfel schneiden, Butter im Topf erhitzen und Maroni und Schalotte andünsten und mit Zucker karamelisieren. Mit dem Portwein ablöschen und Brühe, Rosmarin und Lorbeerblatt dazu geben. Etwa 20 Minuten leicht köcheln lassen.
Danach die Suppe vom Herd nehmen, Rosmarin und Lorbeer herausnehmen und mit einem Stabmixer vorsichtig pürieren (sehr heiß!) Schlagobers hinzufügen und mit Mixer nochmal aufpürieren. Mit Salz und Pfeffer würzen. Man kann die Suppe durch ein Sieb streichen, dann wird sie feiner, ist aber nicht notwendig. Den Radicchio waschen und in Stücke brechen, in vier vorgewärmte Teller verteilen, Suppe in die Teller füllen, Parmaschinkenchips in Stücke brechen und auf der Suppe verteilen. Für die Optik noch Olivenölspritzer in jeden Teller spritzen. Parmesanchips dazu servieren.

Gutes Gelingen!

Corina Lange

Stefanie Dvorak
Schauspielerin

Nach Beratung mit ihrer Familie lieferte Steffi zwei Rezepte – das erste in Form einer pannonisch anmutenden Sauerkrautsuppe, die bei Regenwetter sofort nachgekocht werden will. In die Sauerkrautsuppe gehört unbedingt noch gemahlener Kümmel rein – diese Ergänzung musste ich Steffi versprechen. Das zweite Rezept kommt im süßen Teil. Nicht vorblättern!

Sauerkrautsuppe

Hier gibt es zwei Varianten: vegetarisch mit grünem Paprika oder herzhaft mit Speck!

Man braucht: 1 Zwiebel, 2 Knoblauchzehen, 1 grünen Paprika oder 50g gewürfelten Speck, 500g Sauerkraut, etwas Öl zum Braten, 2EL Paprikapulver, 3E Tomatenmark, 1 Lorbeerblatt, 1l Gemüsebrühe, etwas Honig oder Zucker, Salz, Pfeffer

Sauerkraut in einem Küchensieb abtropfen lassen. Zwiebel, Knoblauch, grünen Paprika oder Speck klein würfeln und alles in einem Topf mit etwas Öl kräftig andünsten. Paprikapulver und Tomatenmark dazugeben und gut umrühren. Dann das Sauerkraut dazu und alles weitere 2-3 Minuten dünsten. Dann mit der Gemüsebrühe aufgießen, Lorbeerblatt dazu und Deckel drauf. Nach 20-25 Minuten Köcheln sollte man einmal kosten, ob das Sauerkraut schon weich ist. Wenn es zu sauer ist, fügt Honig oder Zucker dazu und würzt eventuell noch einmal mit Salz und Pfeffer nach.

Man kann die Suppe vor dem Servieren noch mit Crème fraîche, Sauerrahm oder Schlagobers verfeinern!

Brigitte Karner
und
Peter Simonischek
Schauspieler

Erst sollte es ein Steirisches Ritschert werden: Peter erinnerte sich an ein altes Thea-Kochbuch seiner Familie, wo auf der Rückseite das beste aller Ritschertrezepte von Hand notiert war. In den Corona-Wirren konnte er dieses Heft natürlich nicht finden. Da sprang Brigitte ein – mit tollen Kochkreationen und geselligem Probeessen.

Brigitte Karner
und
Peter Simonischek

Tarte dortin

Brigitte Karner

Roten Zwiebel schälen,
in 3 Teile schneiden, salzen, pfeffern,
in Öl anbraten. Mit Balsamico ablöschen.
Im Rohr zugedeckt bei 150° ca. 40 Minuten
dünsten lassen. Auskühlen. In eine
feuerfeste Rundform verteilen. Dünne
Scheiben Schafskäse auflegen,
Thymian darüber streuen.
Darauf dünn geschnittene Tomatenscheiben
(Paradeiser-Scheiben) legen.
Blätterteig ausrollen, die Form damit zu-
decken und am Rand festdrücken.
Im Rohr bei 200°C backen — bis der
Blätterteig gut gebräunt ist.

Peter Simonischek
Schauspieler

Darf nicht spielen,
kann nicht essen.

Linsensuppe:

Peter Simonischek

1 Zwiebel in Öl dünsten, (etwas braunen Zucker dazutun).

200 g rote Linsen
200 g schwarze Linsen
und
100 g Reis

} können auch 400 g Bio Tellerlinsen sein

diese vorkochen, dann zu den gedünsteten Zwiebeln geben.

Mit Hühnersuppe - oder Gemüsesuppe aufgießen. Nochmals aufkochen, dann pürieren.

Abschmecken mit Zitronensaft und -zitronenschale und evtl. Chilli.

Die Suppe hat eine sämige Konsistenz. Wer mag gibt einen Löffel Naturjoghurt auf die angerichtete Suppe.

An spielfreien Tagen, wie jetzt, in der Coronazeit, gebe ich noch einen Schuss Gin dazu.

"Corona", Salvator Mundi!

Darf nicht spielen
kann nicht Essen

Sabine Haupt
Schauspielerin

So eine Zusammenarbeit freut die Herausgeberin: promptest geliefert, leserlich geschrieben und zur Auswahl gleich drei Rezepte. Wir starten mit einem indonesischen Gemüsesalat und einer klassischen Frankfurter Grünen Soße. Süßes wird auch geboten, keine Sorge, steht weiter hinten.

Salat mit Erdnusschilisoße (Gado Gado)

Für 3-4 Personen

100g geschälte, ungesalzene Erdnüsse
1 Knoblauchzehe
30 ml Sojasoße
Saft von 1-2 Limetten
Chili nach Geschmack
200 ml Kokosmilch
1 Brokkoli (oder/und Blumenkohl, Chinakohl)
4 mittelgroße Kartoffeln
3-4 hartgekochte Eier
3 Frühlingszwiebeln
Salz

Erdnüsse auf Backblech ca. 6 min im Ofen rösten. Für die Soße – Nüsse, angedrückte Knoblauchzehe, Sojasoße, Limettensaft, Chili mit Pürierstab zu Paste mixen. Kokosmilch unterrühren → Salatschüssel

Salatzutaten – Kartoffeln in Salzwasser gar kochen, Eier hart kochen, Brokkoli dämpfen, Frühlingszwiebeln in feine Ringe schneiden → in die Schüssel, alles vermengen.

Sabine Haupt

Frankfurter Grüne Soße

Die 7 Kräuter:

Petersilie . Kerbel . Sauerampfer . Kresse . Pimpinelle . Borretsch . Schnittlauch (und nur die!)

→ waschen, zupfen, fein hacken

Soße:

In einer großen Schüssel nach Belieben Schmand, evtl. Crème fraîche, Joghurt, bestenfalls Kefir (!) oder/und Buttermilch verrühren (keine Majo!!). + Pfeffer u. Salz, Prise Zucker, Zitronensaft + Kräuter

Pro Person ein hartgekochtes Ei kleinschneiden, unterheben.

Dazu Pellkartoffeln.

Sabine Haupt

Robert Joseph Bartl
Schauspieler

Für alle, die jetzt beim Lesen kurz irritiert sind: Im Egg Coddler – nachstehend zeichnerisch dargestellt – kann man sein ganz individuelles Frühstücksei mit diversen Zutaten (Schinken, Käse, Lachs, Kräuter, Pilze, Tomaten – kurz, alles was als Restl im Kühlschrank vor sich hindämmert) im Wasserbad kochen. Wurde angeblich im englischen Königshaus erfunden. Wieder was dazugelernt in Sachen Küchenlatein.

schwarze Olivenpaste
– ein südliches Versprechen für einen Sommer ohne Corona –

Zutaten:

150 gr Oliven o. Stein
2 Sardellen
2 EL Kapern
2 Zw Rosmarin
2 Zw Thymian
6 Bl. Salbei
1-2 Knoblauchzeh.
Zitronensaft
Chilliflocken
und Olivenöl

Wann:

Die Paste hält sich lange im Kühlschrank. Sie kann süchtig machen!
Ideal zum Aperitif auf geröstetem Weißbrot, aber auch auf Schwarzbrot oder nachts nach der Vorstellung auf eine Scheibe Toast …

Wie:

Die Oliven in einen Zerkleinerer geben. Die Kräuter extrem fein hacken, Sardellen spülen und tupfen und mit dem Knoblauch fein hacken. Alles zu den Oliven geben und mit Öl und Zitronensaft fein pürieren. Chilli und Kapern zufügen und immer wieder pürieren.
Wenn man eine cremige Substanz gewonnen hat, alles in saubere Gläser od. Egg Coddler abfüllen u. mit Öl bedecken.
– Ein trockener Schaumwein ist der ideale Begleiter. –

Und:

Wir verbringen den Corona-lockdown in meiner Heimat in Oberbayern. Eines Tages erreicht uns die Nachricht von einer lieben Josefstadtkollegin, dass keine Paste mehr in Ihrem Kühlschrank sei… also machte sich eine frisch bereitete Paste auf den Weg zu Ihr nach Wien.
Wenn wir schon nicht reisen dürfen…

Mit genußreichen Grüßen aus Bayern, Robert Joseph Bartl. 05/20

Barbara Petritsch
Schauspielerin

Achtung p. t. Köchinnen und Köche! Hier wird nicht mit Zucker und Butter karamellisiert, sondern mit Olivenöl und einem Esslöffel Honig. Die Apfelstückchen nehmen eine goldgelbe Farbe an und freuen sich – jeder Abstandsvorschrift zum Trotz – auf den Aromenrausch in enger Umarmung mit dem bitteren Gemüse.

26. April 2020

Kann dürfen wir wieder spielen???
Ach ja, wir können spazieren, lesen, Musik hören, telefonieren und kochen – wann dürfen wir wieder spielen? Man nehme –: burgenländischen Chicorèe (rot,), waschen, Strünke entfernen, waschen, in Streifen schneiden, kann dürfen wir wieder spielen? Äpfel waschen, schälen, in Würfel schneiden, etwas Öl in Pfanne erhitzen, Äpfel karamellisieren, zerkleinerte Nüsse dazu geben, mit Balsamico Essig ablöschen, salzen, pfeffern, über die geschnittenen Chicorèe gießen, etwas Chili hinzufügen, verrühren, kann dürfen wir wieder spielen??? Mit frischem Brot, Butter und einem herrlichen österreichischen Wein verbrühen zerstören, schmecken lassen, ach ja, kann dürfen wir wieder spielen??

Barbara Petritsch

Man kann nach Belieben auch Feigen dazutun!

Andrea Unger
Reinigungsdienst
Theater in der Josefstadt

Das schöne Burgenland wollte auch einen Beitrag liefern – hier zunächst einmal Essiggurken aus Großpetersdorf, Bezirk Oberwart. Die phänomenalen Kardinalschnitten dieser Meisterköchin folgen weiter hinten.

Essiggurken

1 kg Einlegegurken
1 Zwiebel
500ml Tafelessig
1 l Wasser
2 EL Salz
1 1/2 EL Zucker
1 Bund Dille
Senfkörner

Gurken gründlich waschen, Dille in kleine Zweige zerteilen und ebenfalls waschen. Die Zwiebel in Ringe schneiden.
Wasser, Essig, Salz und Zucker zum Kochen bringen. Währenddessen Gurken, Dill, Zwiebel und Senfkörner auf die Gläser verteilen.
Das kochende Essigwasser randvoll eingießen, und die Gläser verschließen. An einem kühlen, dunklen Ort lagern.

Gutes Gelingen

Andrea Unger
Theater in der Josefstadt

Alexandra Henkel
Schauspielerin

Träume zu teilen ist eine wunderbare Idee.
Danke Alexandra, dass Du diesen nicht für
Dich behältst!

Aufstrich:

- 1 Packung Frischkäse fettreich
- Datteln getrocknet
- 1 Zwiebel
- Curry
- Salz
- Pfeffer

Datteln entkernen u. klein schneiden. Zwiebel fein hacken.
Beides unter den Frischkäse mengen.
Mit Pfeffer und Salz und mindestens 1 Teelöffel Curry abschmecken.
Der Aufstrich sollte eine gelbliche Färbe bekommen.

Der Traum ereilte mich an einem Frühstücksbuffet in einem kleinen Hamburger Hotel in der Nähe der Alster. Ich ging in die Küche und erhielt dieses Rezept mit diesem exotisch klingenden Namen.

Rainer Galke
Schauspieler

Beim Mettigel und seinem angestammten Habitat mussten noch einige Unklarheiten ausgemerzt werden, u. a.: *Welches Faschierte genau? Schweinsschulter? Schon mal in Wien gekauft? Sind Erdäpfelpüree, Blutwurst und Reibekuchen extra Rezepte oder isst man das auch zum Mett? Ist Bauarbeitermarmelade Mett? Wo liegt die Urheimat von Mett?*
Für alle Nicht-Rheinländer hat Rainer Galke seinen Mettigel noch mit ausführlichen Fußnoten versehen:
… na so was, Sie haben natürlich völlig recht: Diese Fragen stellen sich, aber für mich sind sie so selbstverständlich, dass ich gar nicht darauf gekommen wäre, dass man sie stellt. Faschiertes: keine Ahnung, auf jeden Fall nicht zu mager! In Wien: ja schon oft, beim ersten Mal wurde ich explizit darauf hingewiesen, dass es »nicht erlaubt« ist, das roh zu verzehren, weil man Würmer davon kriegt; ich hab's dann aber im Gefühl etwas Verbotenes zu tun umso mehr genossen. »Himmel un' Ääd« und »Riefkuuche« sind eigenständige Gerichte, in meiner Phantasie kann man sie aber sehr gut – als kleine Vorspeisen, eben Tapas – mit Mett kombinieren. Bauarbeitermarmelade: genau, Mett! Mett gibt es weit verbreitet als »Hackepeter«, »Gehacktes« usw. in ganz Deutschland als rohen, mit Pfeffer, Salz und Zwiebeln gewürzten, manchmal auch noch mit Petersilie und Eigelb angemachten »Brotaufstrich«. »Himmel un' Ääd« und »Riefkuuche« firmieren unter diesen Namen hauptsächlich im Rheinland, sind aber Feinschmeckern aufgrund der hervorragenden Geschmackskombination – so oder ähnlich – ja auch in Österreich bekannt.
Zusatzinfo zum Serviervorschlag:
Grafschafter Goldsaft ist ein malzig-süßer, naturreiner, eingedickter Zuckerrübensirup.

Der Mettigel

Der Mettigel ist ein eher scheues Tier, das sich aber bei liebevoller Pflege schnell an den Menschen gewöhnt und dann mitunter sehr gesellig wird. Sein Lebensraum erstreckt sich im Westen Deutschlands vor allem in den preußischen Wäldern und Fluren. Da er sehr anpassungsfähig ist, hat er sich aber in der Blütezeit auch über ganz Deutschland verteilt.

Heute ist er allerdings vom Aussterben bedroht, weil sein größter Freund zugleich sein größter Feind ist.

Der Mensch.

Helfen Sie dieses liebenswerte Tier vor dem Aussterben zu bewahren und befolgen Sie die folgende Regel der Mettigelaufzuchtstation.

Nehmen Sie 1 kg Faschiertes, formen Sie es in Igelform. 2 Zwiebeln werden geviertelt und auseinander genommen und als Stacheln in den Igelkörper gesteckt. Als Augen können 2 halbe Oliven genommen werden. Salz & Pfeffer bereitstellen. Auf kräftigem Roggenbrot oder Semmeln genießen.

Das fertige Gericht ist dann das legendäre Mettbrötchen, dick mit Bauarbeitermarmelade belegt, das „German Sushi".

Rheinisch Tapas
Kleine Häppchen „Mettbrötchen"
dazu „Himmel un Ääd", das Beste aus der Erde und vom Himmel, Erdäpfelpüree mit Milch Butter und Muskat, Apfelmus und gebratener Blutwurst, garniert mit Röstzwiebeln. Und natürlich rheinische Reibekuchen, ähnlich wie Erdäpfelpuffer, nur ohne Knoblauch dafür Zwiebeln. Serviert mit Grafschafter Rübensirup.

Dazu genießt man am besten Alt-Bier.

Guten Appetit!
Ihr Rainer Galke

Lucy McEvil
Schauspielerin und
Diseuse

Foto: Inge Prader

Lucy ist eine leidenschaftliche Schrebergärtnerin und verwendet in ihrer Küche alles, was im hauseigenen Garten so wächst. Und das ist einiges. Ich hab' viel von ihr gelernt. Wer kann z. B. auf Anhieb sagen, wie Borretschblüten aussehen?

Russische Eier
von Lucy McEvil

Zutaten:
10 Eier hart gekocht & geschält
1 Becher (125g) Creme Fraiche
2 EL Dijon Senf
4 EL frisch geriebener Kren
Salz, Pfeffer

Dekoration:
20 Borretschblüten
20 Kapern
Schnittlauch

Eier längs halbieren und die Dotter in eine Mixschüssel geben. Creme fraiche, Senf und Kren hinzufügen und mit Salz und Pfeffer abschmecken. Mit einem Pürierstab zu einer Creme verarbeiten und mit einem Dressiersack in die Eihälften füllen. Nach Belieben dekorieren.

Während des gesamten Vorganges ausreichend Wodka trinken.

Steffi Krautz
Schauspielerin

Hier kommt ein Fischtartar in Form eines Familienrezepts aus Pommern, das keine ausgefallenen Küchengeräte erfordert – ein scharfes Messer ist aber ein absolutes Muss! Wetzstahl? Schleifmaschine? Korund? Wasserstahl? Abziehleder? Rollschleifer? Messerschärfer mit Keramikrollen? Durchziehschärfer? Oder doch Schleifstein? Hausmittel? Und welcher Schneidwinkel? Das sind hier die Fragen!

Häckerle

Vorspeise für 8 Personen

- 8 Matjes Filets
- 8 hart gekochte Eier
- 1 mittelgroße Zwiebel
- 2 Gewürzgurken
- 2 TL Senf (mittelscharf)
- 3 EL kalte, aber flüssige Butter
- 1 TL gemahlenen Pfeffer

→ 1 scharfes Messer!

Matjes, Eier, Gurken und Zwiebel mit viel Geduld wirklich klein schneiden! Alles in eine Schüssel geben, erst der Fisch, dann die Eier, dann Gurken und die Zwiebel. Alles gemächlich vermischen. Senf, Butter und Pfeffer mischen und darübergießen. Mischen, ziehen lassen, mischen.

Dazu: Schwarzbrot und Butter

Dörte Lyssewski
Schauspielerin

Ein Rezept, an dem Wilhelm Busch seine wahre Freude haben würde. Wir erinnern uns an seine Witwe Bolte und ihren Sauerkohl »... *wovon sie besonders schwärmt, wenn er wieder aufgewärmt!*«

Bei dieser liebevollen, aufwendigen und unwettersicheren Verpackung hatte die Post gar keine Chance auf Knicke, Eselsohren, Einrisse und sonstiges Zustellungsungemach.

Rotkohl (Rotkraut)

1-2 Tage vor dem Essen zuzubereiten.
(Wird immer besser, je öfter er aufgewärmt wird.
Nimmt nach und nach eine dunkelviolette, fast schwarze Farbe an...)

Man benötigt:

1 großen Rotkohlkopf
2 mittlere Äpfel
1-2 Zwiebeln
mind. 2 EL Gänseschmalz }
1 EL Butter }
4 Nelken
4 Wacholderbeeren
4 Pimentkörner
2 Lorbeerblätter
1 Tasse Pflaumensaft - oder Mus und/oder 1 Tasse Rotwein
1 TL Zimt
2 EL Zucker
Pfeffer, Salz, Essig zum Abschmecken

Den Kohlkopf kleinschneiden, im Fett anbraten, zusammen mit den kleingeschnittenen Zwiebeln, dann Äpfel hinzu, alle Gewürze u. übrigen Zutaten, unter Rühren gut anschmoren, dann (am besten im Bräter) mit Deckel in den Ofen (180°C) mind. 1 1/2 Std. lang immer wieder abschmecken und ggf. nachwürzen mit oben bereits genannten Gewürzen!

Martin Vischer
Schauspieler

Das Bildrezept von Martin und seinem
Sohn Arthur sagt mehr als tausend Worte.
Genau hinsehen, es sollte alles klar sein.

Otmar Klein
Theatermusiker

Klar, dass ein wahrer Musikfreak auch während des Kochens nicht vom Instrument lassen kann und will. Bitte sehr, hier geht Kochen und Üben in einem!

CHILI SIN CARNE para Saxofonistas

Motto: Jedes Böhnchen ein Tönchen
Schwierigkeitsgrad: nicht vorhanden
Kochzeit: ca 40 Minuten davon mind. 15 Minuten Zeit zum üben

Zutaten:
1 Ast Stangensellerie
2 kleinere Karotten
1 grüner Paprika
1 große rote Zwiebel
1 Chilischote
1 Dose rote Bohnen
1 kleines Glas Maiskörner
1 Dose Paradeiser
etwas Gemüsebouillon
2 Esslöffel Öl
1 gestrichener Teelöffel Salz
Pfeffer nach Belieben
1/4 Teelöffel Cumin (Kreuzkümmel)
1/2 Rippe Kochschokolade

Zubereitung:
Stangensellerie und Karotten klein schneiden und ca 5 min in Öl anrösten, dann den grob geschnittenen grünen Paprika dazugeben und nach weiteren 3 min die grob geschnittene Zwiebel und die feingschnittene Chilischote dazugeben und kurz mitrösten.
In der Zwischenzeit 1/4 Wasser in einem mittelgroßen Topf aufkochen lassen und die Gemüsebouillon einrühren.
Das geröstete Gemüse und die Dose Paradeiser dazugeben, salzen und insgesamt ca 20 min zugedeckt köcheln lassen. Bei Bedarf etwas Wasser nachgeben. 10 min vor dem Ende die gut abgespülten Maiskörner, Pfeffer, Cumin und Schokolade dazugeben, erst knapp vor dem Ende die ebenfalls gut abgespülten Bohnen hinzufügen.
Zur Fertigstellung je nach Gusto eventuell 1 Teelöffel Mehl mit 2 Esslöffel Sauerrahm abrühren und untermischen.
Dazu passt praktisch jedes Brot.

Daniel Jesch
Schauspieler

Als Daniel und seine Kinder einmal Carnuntum und die 2011 entdeckte Gladiatorenschule mit rekonstruierter Trainingsarena besuchten, stießen sie auf ein Kochbuch mit Rezepten für diese martialischen Leistungssportler. Große Überraschung: Die Gladiatoren ernährten sich vorwiegend vegetarisch, was auch von Forschern der Uni Bern bestätigt wurde. Zur Stärkung ihrer Knochen gab es einen mineralhaltigen Aschetrunk. Hm, dann mal prost!
Meine Gartennachbarin macht fermentierten Chili nach dem gleichen Rezept. Täglich gut durchrühren, um die Gärgase entweichen zu lassen (ca. sechs Wochen lang). Der Honig wird nach ungefähr einem halben Jahr zum Würzen verwendet.

PULS

ZUTATEN
- GERSTE UND/ODER
- GRÜNKERN UND/ODER
- DINKELREIS
- BROKKOLI
- SPINAT
- BOHNEN
- KAROTTE
- KARTOFFEL
- CHAMPIGNONS
- ZWIEBEL
- KNOBLAUCH
- IRGENDEIN GEMÜSE (→ LAUCH)

Die Mengen der Zutaten richten sich je nach Geschmack. Mehr Körner... weniger Gemüse... oder auch andersherum. Auch, was genau man hineingeben möchte, bleibt jeder/m selbst überlassen. Oft einfach das, was gerade da ist.

→ Je nach Geschmack ... ja eh!

Die Zwiebel schälen, klein würfeln und scharf anbraten. Mit Brühe aufgießen. Die Körner dazu und etwas kochen lassen. Alle anderen Zutaten kleinschneiden oder würfeln oder in Streifen schneiden oder Scheiben → je nach Vorliebe. Länger kochen lassen (→ weicher) oder kürzer (→ fester). Eventuell fermentierten Knoblauch-Honig dazu geben.

Wenn etwas nicht auf dem Photo ist, heißt das nicht, dass man es nicht hineingeben darf (→ rote Linsen)

FERMENTIERTER KNOBLAUCH

- KNOBLAUCH
- HONIG

DEN KNOBLAUCH SCHÄLEN UND IN EIN EINMACHGLAS GEBEN.
MIT HONIG BEDECKEN.
DAS GLAS VERSCHLIESSEN.
WARTEN.
EINMAL AM TAG ÖFFNEN UND UMRÜHREN.
WARTEN.
WARTEN.
RÜHREN.
WOCHENLANG.
ESSEN.
GENIESSEN.

Doris Jaindl
Tontechnikerin
Wiener Festwochen

Hier kocht Doris zwar etwas anderes aus ihrem Veggie-Kochbuch, man beachte aber erstens die schöne alte Kredenz im Hintergrund und zweitens die geniale Abstimmung ihrer Haarfarbe mit den Melanzani!

PS: Doris war nach ihrer Melanzani-Zeichnung so animiert, dass sie sich eine große Schachtel Buntstifte gekauft hat und ihrer alten Leidenschaft – dem Zeichnen – wieder frönt. Falls sie nicht gerade kocht und bäckt.

Backofen auf 230°C vorheizen.

2 Melanzani halbieren und die Schnittflächen rautenartig einschneiden. Gut salzen und mit Olivenöl bepinseln. In den Ofen schieben und backen, bis sie schön weich und braun sind. (ca. 40 min)

Inzwischen 2-3 Knoblauchzehen fein hacken und mit dem Saft von 1-2 Zitronen, ein bisschen Chili sowie frischem Koriander ein Sößchen rühren.

1 Häferl Hirse heiß waschen und mit 2 Häferl Wasser, Mandelstiften (oder Pistazien! NOCH köstlicher! ☺), Rosinen (oder Cranberries), ein bisschen Salz und, nach Belieben, etwas Rosenwasser (am Schluß zugeben) weich kochen. Nach Lust und Laune mit Erdnuß- und/oder Sesamöl abschmecken.

Wenn die Melanzani weich sind, aus dem Ofen nehmen, auf einen Teller legen, mit dem Sößchen beträufeln und (reichlich ☺) Tahin drüberträufeln lassen. (Tahin nicht direkt in die Sauce rühren, weil sie sonst stockt und dick wird.)

Melanzanihälften mit einem Gupferl Hirse servieren. Als Steirerin esse ich dazu natürlich grünen Salat mit Kernöl. Mein Schatzi und ich mögen das sehr! ♥

Dieses Rezept eignet sich vor allem auch für "Corona-Zeiten", weil man relativ wenig Zutaten braucht. Man soll ja nicht zu oft zum Einkaufen das Haus verlassen.

Elisabeth Orth
Schauspielerin
Doyenne des Burgtheaters

Tzatziki zu Nudeln? No go. Auch bei viel Kochphantasie nicht wirklich vorstellbar. Hier war ein klärendes Zweitgespräch dringend gefordert, das Anfang Juni in Maskenbewaffnung im Burgtheater über die Bühne ging.

Hast Du das selbst schon mal gegessen?
Bist Du verrückt? Das ist das Phantasieding einer Restlkönigin.

Elisabeth, wem würdest Du dieses Gericht gerne servieren?
Dem Trump!

Welches Getränk empfiehlst Du dazu?
immergrünenveltliner (sic!)

Was hast Du gelesen, nachdem Du das Kochen aufgegeben hast?
»Geschichte Europas ab 1945 bis zur Gegenwart« von Tony Judt. Darin lese ich immer, wenn sonst nichts mehr geht.

Quarantäneauflauf

Das griechische Ding sollte es werden. Es liegt in meinem Supermarkt in kleinen Plastikschälchen neben dem Heringssalat Hamburger Art. Dort steht der griechische Name auch gedruckt, aber ich darf ja nicht einkaufen gehen. Knoblauch gehört hinein und Gurken. Und Mayo? Hab ich alles zuhause. Wieso matscht das Gurkenstückchen so? Oh, aus Altersgründen. War verdeckt von der Ingwerknolle. Knoblauch pressen natürlich. Legen Sie nie Ihre Brille in Reichweite der Pressung. Fünfzehn Minuten hab ich die Gläser geputzt. Wenn Knoblauch Zehen hat, wie heißen dann alle zusammen? Vorfuß? Alleinlachen verebbt schnell. Also alles im Schüsselchen verrühren, ha, Sauerrahm hab ich doch noch – wenn er nicht grünblau vor Schimmel wäre.
Wozu wollte ich denn das griechische Ding essen? Nudeln. Sehr spannend.
Ich geh was lesen.
Elisabeth Orth

Peter Knaack
Schauspieler

Im Zuge einer Auffrischungsimpfung erzählte Peter von seinen täglichen Kochabenteuern und entschied sich sofort für die Teilnahme an dieser Rezeptsammlung. Seine Kochempfehlung kann sicher punkten.

Zutaten:
1 kg grüner Spargel
200 g Morcheln
100 g Sardellen aus dem Glas
2 Jahrgangssardinen aus der Dose
150 g zimmerwarme Butter
getrockneter Chili
Zitronensaft
Sherry
Spargelsud
600 g Nudeln

Vorsicht: Da Morcheln auf sandigem Boden wachsen, müssen sie vor Verwendung besonders gut gereinigt werden. Man kann die kleinen Aromabomben halbieren und ausklopfen oder die einzelnen Kammern des Pilzhutes mit einem Küchenpinsel reinigen. Ist etwas mühsam, lohnt sich aber. Bei Kontakt mit Wasser saugen sich Morcheln rasch voll. Tipp: Einweichwasser durch Papierfilter rinnen lassen und für Sud oder Saucen weiterverwenden.

Wenn zu Zeiten einer Pandemie die Menschen A-b-s-t-a-n-d wahren sollen, kommt es schnell zu Unterkühlungen. Und dagegen hilft ein einfaches Pasta-Gericht: IN SARDELLENBUTTER GESCHWENKTE TAGLIERINI MIT GRÜNEM SPARGEL UND FRISCHEN MORCHELN!!!
Gott sei Dank tobt sich Corona – oder wie die Tochter eines befreundeten Regisseurs unsere neuen Wegbegleiter nennt: CORINNA!, in der Spargel- und Morchel-zeit aus. Für dieses Gericht nehme ich ein Kilo grünen Spargel, schäle ihn dezent und schneide die holzigen Enden ab und bereite aus dem „Abfall" einen leichten gesalzenen Spargel-Sud. 200 Gramm Morcheln wollen jetzt vom Sand befreit werden. Anschließend 100 Gramm Sardellen aus dem Glas mit dem Pürierstab zerkleinern.
Ich verfeinere das gern aus geschmacklichen Gründen und mit solidarischem Gruß an die italienische Anti-Salvini-Bewegung mit einem Anteil Jahrgangs-Sardinen aus der Dose. 150 Gramm zimmerwarme Butter und etwas getrockneten Chili dazugeben. Alles vermischen und mit Zitronensaft nach Belieben abrunden. Den Spargel bissfest dämpfen und in kleine Stücke schneiden. Die Morcheln mit Butter andünsten und mit Sherry und etwas Spargel-Sud ablöschen. 600 Gramm Nudeln al dente kochen, mit dem Spargel und den Morcheln zu der Sardellenbutter geben und alles schwenken. Bei Bedarf die Butter mit etwas Spargel-Sud verdünnen, sodaß die Pasta samtig umgeben wird.
Sie werden sehen, dieser Gericht erfüllt sie mit Wärme – da kann Corinna machen, was sie will. Abstand hin oder her.
Gutes Gelingen, es sollte für 4 Personen genügen!

Herzlich, Ihr Peter Knaack

Sven-Eric Bechtolf
Schauspieler und
Regisseur

Danke fürs Corona-Gedicht,
entstanden in theaterloser Zeit.
Ein herrliches Gute-Laune-Gericht,
und bella Italia ist nicht mehr weit!

Sven-Eric Bechtolf

PASTA AL LIMONE

Ich habe mich vor dem Virus verkrochen
Um nichts mehr zu tun, als nur Essen und Kochen.
Schon um die Welt und mich selbst zu vergessen,
Geht's mir ausschließlich ums Trinken und Essen.

Ich esse, soviel ich kann und mag
Und das seit Wochen schon, jeden Tag.
Mein Cholesterinwert steigt exponentiell?
Na wenn schon, Frau Doktor, man stirbt nicht so schnell!

Zum Frühstück gibt's bei mir Marzipan
Mit einem Becherchen Gänsetran.
Um 12 verzehre ich zwei Kapaune
Das hebt erfahrungsgemäß meine Laune.

Um 14 Uhr gibt es Mittagessen,
Da muss ich Schweinebraten fressen.
Mit Knödeln dazu und reichlich Bier.
Danach wird gefastet bis um vier.

Dann gönn ich mir eine halbe Torte,
Dazu Pralinen als Eskorte.
Und dann, wie oben angesprochen,
Beginne ich für den Abend zu kochen.

Und weil ich mich jetzt, in der Quarantäne,
Noch mehr als sonst nach Italien sehne,
Stattdessen aber in Sachsen wohne,
Mach ich mir Pasta. Und zwar „al limone."

Hier sieht es ja aus, wie sonst was! Kümmere ich mich morgen drum.
Jetzt erstmal eine Zitrone finden. Unbehandelt! Selleriestangen und Erdbeeren
gammeln im Gemüsefach vor sich hin. Sauerei! Wo ist die Petersilie? Ah! Da! Und
Knoblauch brauche ich.
Parmesan ist noch reichlich da. 2 Eier auch. Kann losgehen.
Halt! Wo ist die Gemüsebrühe? Na, Gott sei Dank!
Jetzt: Zitronenschale abreiben, Brösel aus der Reibe klopfen und auffangen.
Zitrone pressen. 0,5 Liter Brühe mit dem Saft auf die Hälfte einkochen lassen.
Eier mit Parmesan unter die Brühe rühren. Kleingehackte Petersilie mit Knoblauch,
zwei Esslöffel Butter und Zitronenabrieb daruntermischen. 500 g gekochte Nudeln
dazu. Gut umwälzen. Fertig.

Na, also, ist doch glänzend gelungen.
Sechs Teller habe ich spielend verschlungen,
Dazu zwei Liter kalten Wein:
Herrgott, es könnte schlimmer sein!

Karin Bergmann
Burgtheaterdirektorin
im Ruhestand

Liebe Karin, danke für diese Pasta-Inspiration und dafür, dass wir immer wieder gemeinsam gutes Essen und Trinken genießen! Und dabei schlau reden, nicht nur vom Theater. Und vor allem ganz viel lachen.

Karin Bergmann

Liebe Lilli,

nachdem ich eigentlich gedacht habe, dass ich unmöglich bei Deinem Kochbuch mitmachen kann, da ich, was Kochen betrifft, nur liebende Dilettantin bin, will ich Dich andererseits auch nicht komplett enttäuschen. Dafür ist Deine Idee zu schön und bewundere ich Deine Initiative zu sehr. Und vor allem wurde ich hin und wieder großartig von Dir bekocht.

Also hier etwas, was ich mir in meinen Burgtheaterjahren immer mal wieder (meine Konfektionsgröße zeigt mir zu häufig...) leider nachts um zehn, halb elf gegönnt habe, wenn ich nach vierzehn, fünfzehn Stunden groggy aus dem Theater kam. Oftmals war es zu spät für einen Restaurantbesuch bzw. auf keinen Fall wollte ich noch mit jemandem kommunizieren (und Herr Blau konnte mit der Situation umgehen...).

Spaghetti, Fusilli, Farfalle oder dünne Penne, je nachdem was der Vorratsschrank hergibt, kochen. Parallel dazu einige (zahlreiche) Scheiben Mailänder Salami langsam in der Pfanne auslassen, jeweils eine gute Handvoll Mini-Paradeiser und schwarze Oliven vierteln bzw. halbieren und zur Salami dazu geben und sämig einköcheln. Ein Löffel Tomatenmark und ein großzügiger Schuss Obers dazu, etwas Salz und reichlich schwarzer Pfeffer. Und wenn der Tag besonders schlimm war, habe ich mir auch noch etwas Creme Fraiche gegönnt...

In wenigen Minuten stand ein hervorragendes Essen auf dem Tisch und war mir, in Kombination mit einem guten Glas Wein, oft Trost. Und falls ein Gedanke an Kalorien oder meinen Cholesterinspiegel auftauchte, habe ich mir die nächtliche Mahlzeit als Nervennahrung schön geredet. Nach einiger Zeit verwandelt sich diese dann aber in Hüftgold.

Soviel Kulinarisch-Intimes aus dem Leben im Bauch der Burg.

Herzlich Deine Karin

Alma Hasun
Schauspielerin

Schön, dass Alma uns mit einem Quiche-Rezept einen Hauch von Frankreich in die Küchen bringt und uns nebenbei noch an einer Kindheitserinnerung teilhaben lässt. Unter einem solchen Baum möchte man bestimmt Geschichten erzählen. Vom Leben, und von der Liebe sowieso.

Karotten-Ziegenkäse-Quiche

FÜR DEN TEIG

70 g Sonnenblumenkerne
120 g Weizenvollkornmehl
120 g Mehl / Salz
100 g kalte Butter
1 Ei
Butter für die Form
Mehl zum Arbeiten

(Man kann aber auch fertigen Quiche Teig nehmen ... wenn's mal schnell gehen muss ;-))

FÜR DEN BELAG

500 g Karotten
2 Zwiebeln
3 Zweige Thymian
1 Zweig Estragon
70 g mittelalter Gouda
2 EL Olivenöl
100 g Crème fraîche
200 g cremiger Ziegenfrischkäse
3 Eier
Salz / Pfeffer

1 Für den Teig 50 g Sonnenblumenkerne in einer Pfanne ohne Fett rösten, bis sie leicht bräunen und duften. Abkühlen lassen, dann grob zermahlen und mit beiden Mehlsorten u. 1/2 TL Salz mischen. Butter in Flöckchen dazugeben und alles zwischen den Händen zu Bröseln zerreiben. Ei und 2-3 EL kaltes Wasser dazugeben u. alles zu einem glatten Teig verkneten. Zu einer Kugel formen und in Folie gewickelt ca. 30 Min. kühl stellen.

2 Inzwischen für den Belag die Karotten schälen und grob raspeln. Zwiebeln schälen und fein würfeln. Die Kräuter waschen, trocken schütteln, Blätter abzupfen und getrennt fein hacken. Den Gouda reiben. Das Öl in einer großen Pfanne erhitzen u. die Zwiebeln darin goldgelb andünsten. Karotten u. Thymian dazugeben u. unter gelegentlichem Rühren bei mittlerer Hitze ca. 5 Min. garen. Abkühlen lassen.

carotte

3 Den Backofen auf 180° vorheizen, die Form einfetten. Den Teig auf der bemehlten Arbeitsfläche ausrollen und in die Form legen, dabei einen Rand formen. Crème fraîche, Frischkäse und Eier gründlich verrühren. Estragon und Gouda unterrühren u. alles kräftig mit Salz und Pfeffer würzen. Die Käsemasse mit den Karotten mischen, auf dem Teig verteilen und mit den übrigen Sonnenblumenkernen bestreuen. Die Quiche im Ofen (Mitte) in 35-40 Min. goldgelb backen. Vor dem Anschneiden kurz abkühlen lassen und nach Belieben mit Salat servieren.

Bon Appétit

← Alter Birnbaum meiner Kindheit

← In dieser "eigenartigen" Zeit, habe ich meine alte analoge Kamera in die Hand genommen und versucht lauter schöne Momente einzufangen.

Christoph Franz Krutzler
Theater- und Filmschauspieler

Christoph sagt, dem Krutzler seine Pogatscherl brauchen zwei verschiedene Teige. Das klingt so schräg, dass ich dieses Rezept unbedingt haben wollte. Mutig verwandelte er seine südburgenländische Küche in ein Backlabor und übte und übte. Jetzt schwört er, dass es die besten Pogatscherl sind, mit richtig viel Grammeln drinnen, nach denen man nicht mit einem Mikroskop suchen muss.

Köstliche Grammelpogatscherl

Zutaten:
- 60 dkg. glattes Mehl
- 40 dkg. Grammeln
- 1/8 gute Butter
- 1/2 l Milch
- 1 P. Germ
- 2 Eier
- Salz
- Pfeffer

Nach Gusto:
- Kümmel
- Sesam ...

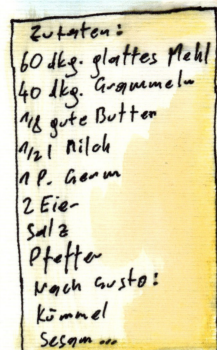

Das ist das Pogatscherlrezept von der Hermi-Tant. Die hat es wiederum von der alten Ibusch, einer Burgenlandungarin aus Felsöör (Oberwart).

Die Hermi-Tant hat mir vor vielen Jahren schon das Rezept aufgeschrieben, jedoch nie genau erklärt wie man es richtig zubereitet. Mittlerweile ist sie schon alt und kann mir nicht mehr gut erklären wie es genau funktioniert. Jetzt habe ich ein paar Tage in der Coronazeit dazu genutzt der Sache auf den Grund zu gehen. Hier ist das Ergebnis:

Man nehme 1/8 gute Butter und rührt sie schaumig. Jetzt gibt man 40 dkg knusprige Grammeln dazu, ein Kaffeelöffel Salz und pfeffert das alles anständig. Immer schön rühren. Am besten funktioniert das mit einem Handmixer auf niedrigster Stufe. Löffelweise gibt man nun 20 dkg Mehl zu der Masse. Zuletzt kommt noch ein Ei hinein.

Nun stellt der Pogatscherlkoch die herrlich luftige Fettmasse in den Kühlschrank und geht schlafen.

Am nächsten Tag darf er dann auf der nächsten Seite weiterlesen.

Foto von meinem Pogatscherln

Am nächsten Morgen lässt man einen 3/4 Würfel Germ in 1/8 warmen Milch gehen. Man hat nun Zeit für ein kräftigendes Frühstück. Also gestärkt nimmt man 40 dkg Mehl gibt 1 1/2 Kaffeelöfferl Salz dazu und schüttet den Germcocktail dazu in die Rührschüssel. Kneten, kneten, kneten. Nebenbei mit 1/8 Milch nachbessern. Zum Schluss kommt wieder ein Ei hinein. Nun hat der Pogatscherlkoch Zeit für einen erbaulichen Spaziergang.

Bei der Heimkehr soll der Teig um das Doppelte gewachsen sein. Jetzt den Teig rechteckig auswalken und mit der Masse vom Vortag bestreichen. Die hat man übrigens schon vor einer Stunde vorausgestellt. Den ganzen Brocken schlägt man jetzt zusammen und walkt ihn wieder aus. Wie einen Blätterteig. 4-5 mal. Der Vorgang hat ein natürliches Ende. Danach 2cm stark auswalken und die Pogatscherl mit einem runden Keksausstecher ausstechen. Auf ein Blech legen und nochmal 20 min rasten lassen. Bei 175° 18 min aufbacken. Wenn man mag kann man die Pogatscherl vorher noch mit Kümmel bestreuen. Oder Sesam. Oder was man mag. Eigentlich Kümmel, aber erlaubt ist was gefällt.

Am besten passt dazu Wein.
Weiß. Rot. Wurscht.
Am Aller-besten Uhudler.
Mein Uhudler.

Mahlzeit!

wünscht Christoph F. Krutzler

Sehr interessant:

Die Etymologie geht auf lateinisch focus (Feuerstätte, Herd) zurück und wandelte sich über das Mittellateinische zu focacea (Adjektiv auf -aceus von focus). Im Italienischen als foccacia focaccia Eingang gefunden hat das Wort in seinen verschiedenen, durch die jeweiligen Sprachwandelgesetze bedingten, Veränderungen viele Sprachen und Küchen der Balkanhalbinsel erreicht, wobei das Slawische als Mittlersprache fungierte. Der Lautwandel c zu g deutet auf Norditalien als Quelle an für die Entlehnung ins Slawische als pogača („rundes ungesäuertes Weizenbrot", früher auch „in Asche gebacken").
So kennt das Rumänische pogagiu als eine Art kleines mit Zucker bestreutes Gebäck und das Griechische πογάτσα. In Mitteleuropa ist es in Ungarn als pogácsa und im Südburgenland als Pogatscherl bekannt.

Helmut Kulhanek
Produktionsleitung
Sommernachtskomödie Rosenburg

Ein weiterer Knüller aus der allseits beliebten Dauerbrenner-Serie *Klassisches am Esstisch: So hat es meine Großmutter gemacht.* Das Sommertheater vermissen wir heuer sehr und freuen uns auf künftige Großtaten im runden Theaterzelt. Bis es wieder so weit ist, kochen wir halt!

Gefüllte Paprika
als Sommernachtskomödie Rosenburg (von Omi?)

noch eine Portion? *schmatz!* *geilo!*

Die Zutaten:
8 hellgrüne Paprika, 1 Semmel, 40g Butter, 100g Zwiebeln fein geschnitten, ½ Liter Rindsuppe, 30g Mehl, 1kg Tomaten klein geschnitten, 1 EL Tomatenmark, Salz, Zucker, 15 Pfefferkörner, 500g gemischtes Faschiertes, 200g Reis gekocht, Pfeffer, 3 Knoblauchzehen gepresst, Majoran, Liebe.

Die Vorgensweise:
he-he-he-he-... *lecker!*

Stiel aus den Paprika herausschneiden - reinigen - Samen entfernen - auswaschen. Semmel in kaltem Wasser aufweichen, auswinden und mixen. Butter in der Pfanne schmelzen - Zwiebel glasig anrösten - Mehl dazu rühren. Mit der Suppe aufgießen, Tomatenmark hinzu und mit dem Schneebesen glattrühren. Pfefferkörner und Tomaten dazugeben, 20 min kochen lassen, passieren und mit Salz und Zucker würzen. Faschiertes, Reis, Semmel, Knoblauch, Majoran, Pfeffer und Salz zu einer Masse mischen - diese dann in die Paprika füllen - den Stiel als Haube verwenden. Paprika mit Sauce übergießen und bei 160°C schwach köchelnd zugedeckt dünsten. Dauer ca. 40-50 min.

© Copyright: Samira G. + Sesi S.

Die Beilage: gekochte Erdäpfel

Hunger?

Alles Liebe,
Helmut

Monika Yilmaz
Reinigungsdienst
Volkstheater

Immer Putzstress im Volkstheater, drei Kinder zu versorgen, regelmäßige Verwandtenbesuche in Ungarn und dann noch Planen und Aussuchen einer neuen Küche. Monika hat sich trotz allem die Zeit genommen, mein ungarisches Lieblingsgericht aufzuschreiben. Nagyon szépen köszönjük! Für alle, die über einen Grundkurs Ungarisch nicht hinausgekommen sind, hier die Übersetzung bittäschäään:

Hortobágyi Fleischpalatschinken (4 Personen)
50 dkg Hühnerbrust
5 dkg geräucherter Speck
1 gelber Paprika, 1 Paradeiser, 2 kleine rote Zwiebeln
2 Becher Sauerrahm, 2 EL Mehl
Paprikapulver, Salz, Pfeffer
Palatschinken: 20 dkg Mehl, 2 dl Sodawasser,
2 dl Milch, 2 Eier, Salz

Zubereitung:
Für die Palatschinken alle Zutaten bis auf das Mehl gut verrühren. Dann das Mehl zügig einrühren, sodass keine Klümpchen entstehen. Den Teig eine halbe Stunde im Kühlschrank rasten lassen.
Für die Füllung den würfelig geschnittenen Speck anbraten, die kleingeschnittenen Zwiebeln dazugeben und glasig dünsten. Topf vom Feuer nehmen und das Paprikapulver untermischen. Das würfelig geschnittene Fleisch und den kleingeschnittenen Paprika und Paradeiser untermengen. Den Topf wieder auf den Herd stellen, mit Salz und Pfeffer würzen. Mit etwas Wasser aufgießen und ca. 40 Minuten lang köcheln lassen. Sobald das Fleisch weich ist, herausnehmen und faschieren (oder mit einem scharfen Messer klein schneiden).
Sauerrahm mit 2 EL Mehl verrühren, in die Soße geben und aufkochen lassen. Zum Fleisch so viel Saft geben, bis eine sämige Masse entsteht. Die herkömmlich zubereiteten Palatschinken damit füllen, aufrollen, an den Enden einschlagen und in eine leicht gefettete feuerfeste Form legen. Mit der restlichen Soße übergießen und 10 Minuten lang im vorgeheizten Rohr überbacken. Mit Paprikastücken und Petersilie garnieren und mit dem restlichen Rahm servieren.

① **Hortobágyi húsos palacsinta**

Hozzávalók 4 személyre
- 50 dkg csirkemell
- 5 dkg füstölt szalonna
- 1 db zöldpaprika
- 1 db paradicsom
- 2 kisebb vöröshagyma
- 2 pohár tejföl
- pirospaprika
- só
- bors

Palacsintához:
- 20 dkg liszt
- 2 dl szódavíz
- 2 dl tej
- 2 tojás

Elkészítés:
A palacsintához keverd össze a lisztet, a sót, a tojást, tejet, öntsd hozzá a vizet, végül az olajat. Dolgozd a masszát csomómentesre. Tedd 1/2 órára a hűtőbe, majd süsd ki a palacsintákat kevés olajon a hagyományos módon.

②. A töltelékhez a szalonnát pirítsd meg, majd dobd rá a finomra vágott vöröshagymát. A tűzről levéve hintsd meg pirospaprikával, add hozzá a felkockázott húst, sózd, borsozd, és öntsd alá vizet. Tedd vissza a tűzre, rakd hozzá a paprikát, és paradicsomot párold körülbelül 40 percig. Ha a hús puha, szedd ki, és daráld le. Öntsd a levéhez a liszttel elkevert tejfölt, és forrald össze. A húshoz keverj annyit a pörköltszaftból, hogy kenhető masszát kapj, majd töltsd meg vele a palacsintákat. A két szélét hajtsd fel, batyuszerűen tekerd fel, és rakd tűzálló tálba.

A palacsintákat öntözd meg a visszamaradt mártással és kb. 10 perc alatt forrósítsd át a sütőben. Tejföllel vonold meg a tetejét, paradicsommal zöldpaprikával, és petrezselyemmel díszítve tálald.

Jó étvágyat!

Caroline Peters
Schauspielerin

Hoch lebe die Postkarte!
In der Galerie von Caroline Peters und Frank Dehner gibt es aus aktuellem Anlass eine Serie von Virus-Postkarten mit Kultpotential. Alles künstlerisch umgesetzte Elektronenmikroskopiefotografien vom Coronavirus, dessen Spike-Proteine wie kleine Stacheln abstehen (gleich einer Krone, daher auch der Name). Selbstverständlich finden sich auch noch andere spannende Karten-Themen, wie z. B. eine Adventgans. Nicht ganz die vom Rezept, aber auch sehr hübsch. Ein Abstecher in die Margaretenstraße im 4. Wiener Gemeindebezirk wird wärmstens empfohlen. Das macht garantiert wieder Lust auf Kartenschreiben von Hand.

Caroline Peters

Gänsebraten à la Johanne

Meine Mutter hat dieses Gericht immer für die Familie zubereitet. Seit sie nicht mehr lebt, ist es unter den Geschwistern ein steter Wettbewerb, wer den besten Braten herstellt. Es gibt viel zu beachten und Traditionen einzuhalten. Die Beilagen wurden in 50 Jahren nicht verändert und wir lieben es genau so:

Man redet der vom Metzger abgeholten Bio-Gans als erstes gut zu. Das ist wichtig, laut meiner Mutter. Die Gans wird gewaschen, trocken getupft, mit Salz eingerieben, innen und aussen.

Für die sogenannte "Fülle" werden 3-5 Boskop-Äpfel in sehr kleine Stücke geschnitten und mit Salz, Pfeffer, Beifuss gewürzt. Anschließend mit Zwieback-Mehl und dem Saft einer Zitrone vermengen

Zwiebackmehl ist der anstrengendste Part: man reibt eine ganze Packung Zwieback auf einer Küchenreibe klein.

Dann wird die Gans gestopft und zugenäht. Ich streiche sie heimlich auch mit etwas Öl ein, der Rest der Familie hält dies für einen ungültigen Winkelzug.

Ofenzeit je nach Gewicht der Gans berechnen und alle halbe Stunde mit Wasser und dem entstehenden Bratensaft übergießen.

Dazu werden kalt serviert: Rote Beete und Sellerie, gekocht, in dünne Scheiben geschnitten. Mit einer Vinigraitte als Salat angemacht.

Sowie frische, geschälte Kartoffeln. Kein Rotkraut, keine Klösse.

Frohe Weihnachten! Caroline Peters

Hans Mrak
Dramaturg
Stadttheater Klagenfurt

Mraki (ich darf ihn so nennen) schickte einen Freund auf die Jagd – und schon war es um ein Wildschwein geschehen. Fast wie bei Asterix, es wurde auch gleich mit Genuss verzehrt.
Das zweite Rezept – Hasenöhrl – kenne ich aus meiner Kindheit in der Obersteiermark. Damals haben wir das Schmalzgebäck mit Staubzucker bestreut gegessen. Es gibt dort allerdings auch eine Zubereitungsart aus Erdäpfelteig mit pikanter Sauerkrautfülle – autochthone Wraps sozusagen, made in Austria.

Corona-Rezept

viel gekocht, viel laqueriere...
...neu:

① Freund, der auf die Jagd geht (waldviertl)

② Fleisch, wildschwein

③ Zwiebeln, eine Handvoll, schneiden

④ grober Pfeffer

= das wird ein wildschweinbraten !!!

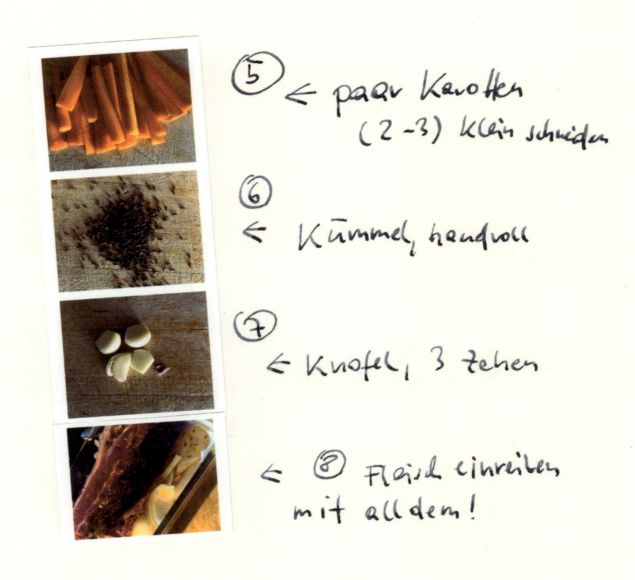

⑤ ← paar Karotten (2-3) klein schneiden

⑥ ← Kümmel, handvoll

⑦ ← Knofel, 3 Zehen

← ⑧ Fleisch einreiben mit alldem!

weiter gehts: ist
das Fleisch (ein schönes
Rippen-Karree) eingerieben:

ins Rohr → ⑨

frisch geschnitten → Ⓐ
(zuvor!)

und in eine → ⑩
Rein...

...dann ⑪
kunstelt es
bei 180°*ca. 1,5 h
drahin

* nein: 160°!

⑫ ← und kommt so
  auf den Teller

⑬ ← vorher wars noch so.

⑭ ← und ganz vorher, südlich
  von Langenlois noch so...

⑮ ← ...dann, bei mir, so...
  super köstlich!

...als Beilage: Erdäpfel unten
im Rohr mitgebraten - in Spalten
geschnitten...

...würd' sie mir so nie machen —
hat super geschmeckt!

... und noch ein Corona-Rezept:

... das kenn' ich seit meiner Kindheit, ist urtümlich „bengawarisch" und jetzt „rar" — weil's gar so rinnt, wenn man's macht:

Hasenöhrl

1/4 liter heisse Milch, 5 dag zerlassene Butter, TL Salz versprudeln und mit ca 1/2 kg Mehl und einem Ei zu einem Teig verkneten.
Dünn auswalken, mit einem Teigradl handtellergroße Quadrate schneiden und in heißem Butterschmalz polster-ähnlich backen.
Goldgelb!
Mit heißem Sauerkraut füllen, einrollen, mit den Fingern essen! Super!

Hans Mrak

Günther Wiederschwinger
Schauspieler

Was für eine originelle Idee – Karntnerisch mit Übersetzung ins Deutsche. Die Herkunft dieser Topfennudeln aus dem Bergdorf Greutschach in der Nähe von Griffen könnte vielleicht unsere Urlaubsplanung beeinflussen. Schließlich sind wir ja irgendwie angehalten, den Urlaub innerhalb der Landesgrenzen zu verbringen. Also ab in den Süden!

Greutschacher Topfennudel

Fian Tag brauchst:	Für den Teig:
A holbs Kilo Wazmehl	500g Mehl
3 klane Fletzbirn	3 kleine Kartoffel
(gekocht, gschölt, gepresst)	(gekocht, geschält, gepresst)
A Teelöfale Solz	1 Prise Salz
A Ei	1 Ei
Wossa noch Gfühl	Etwas Wasser
Zu an glottn Tag kneten	zu einem glatten Teig
(lei nit z´wach)	verarbeiten

Fia Eine brauchst:	Für die Fülle:
A Packale Bröseltopfen	250g Bröseltopfen
3 mittlare Fletzbirn	3 mittelgroße Kartoffel
(gekocht, gschölt, gepresst)	(gekocht, geschält, gepresst)
A Tschüppale Nudelminzn	Nudelminzblätter
A Ei	1 Ei
A bissale Solz	Salz
Vakneten	verknetete Masse zu
Klane Kügalen formen	kleinen Kugeln formen

Hiaz in Tag mitn Nudlwoga auswolgn, de Topfnkügalen auf da Hälftn aufelegn, oba nit z´eng, den Tag drübaziagn und mitn Hondruckn die Knödl in Form bringen. Nocha die Knödl mit an Glas austechn und krendln, oda ausradln, wiast wüllst.

Den Teig mit dem Nudelholz dünn ausstreifen, auf eine Hälfte die Topfenkugeln darauf auslegen, nicht zu eng, die andere Hälfte des Teiges darüberziehen und mit dem Handrücken die Knödel formen. Den Teig gut aneinanderdrücken und mit einem Glas ausstechen.

Nocha brauchts nur noch	Kochendes Wasser salzen
Wossa haß mochn, solzen,	
15-18 Minutn leicht kochn	15-18 Minuten leicht kochen
A zalossene Butta drüba	Etwas Butterschmalz zerlassen, darübergießen

Fertig seind die Greutschacher Topfnnudel, wia is von meiner Mutti glernt hob! Mohlzeit!

Günther Wiederschwinger

Almasa Jerlagić
Kostümbildnerin und
Ausstatterin

Almasa ergänzt die kulinarische Reise über die Grenzen Österreichs hinaus um ein echtes bosnisches Šiš ćevab, ein Erbe der traditionellen türkischen und arabischen Küche. Hier mal nicht flink vom Grill, sondern gemächlich im Topf geschmort!

Šiš ćevab – Traditionelles bosnisches Gericht

Zutaten:

800 g Rind vom Schulterscherzerl, fettarm
500 g Lamm von der Schulter, ohne Knochen
4 bis 5 rote Zwiebel, mittlere Größe
1 Karotte
Pfeffer
Salz
Spieße nach Bedarf

Zubereitung:

Fleisch klein und würfelig schneiden
Zwiebel in Würfel zerkleinern
auf Spieß: Stück Fleisch dann Zwiebel, abwechselnd Rind und Lamm aufeinander reihen
darauf achten, dass Anfang und Ende vom Spieß Fleisch ist
Karotte schälen und in dünne Scheiben schneiden
In einem großen Topf 2 Esslöffel Butter auf kleiner Flamme schmelzen lassen,
anschließend Karotten dazu,
Spieße reingeben und aufeinander stapeln, Deckel drauf und auf kleiner Flamme 2 Stunden dünsten lassen (wenn möglich ohne Wasserzusatz)
kurz vor Ende mit Salz und Pfeffer würzen

Mahlzeit! Prijatno!

Rezept von Almasa Jerlagić

Nikolaus Habjan
Puppenspieler und
Regisseur

Hier kocht Herr Dipl.-Ing. Bernhard Schwingenschläger, kurz Herr Berni, in Nikis Küche. Die Puppe stammt aus seinem allerersten Stück »Schlag sie tot« aus dem Jahr 2008 (Schubert Theater Wien) und hat nun schon einige Jährchen auf dem Buckel. Was Corona in Bernis Altersheim angerichtet hat? Das wollen wir lieber nicht wissen. Jedenfalls musste sein Kopf restauriert werden, da er sich vom vielen Gebrauch fast auflöste. Berni ist aktuell, aber selten, in »Der Herr Karl« im Burgtheater zu erleben.

BRAMBORY

ZUTATEN:

- VORGEKOCHTES RINDFLEISCH
- 1 ZWIEBEL
- ½ L RINDSUPPE
- 1 BECHER SCHLAG
- 1 KG ERDÄPFEL (SPECKIG)
- 1-2 ZEHEN KNOBLAUCH
- ESSIG, LORBEERBLATT, MAJORAN
- ESSIGGURKERL

Man nehme ein ausgefettetes und vorgewärmtes Reindl, schwitze darin den fein geschnittenen Zwiefel an, bis dieser sich goldbraun färbt. Nun menge man Mehl zu einer Art Einbrenn. Anschließend kommt die gut gesalzene Rindsuppe in das Reindl.

Um die Sache etwas g'schmackiger zu machen, gebe man ein paar Tröpfel Essig, sowie 1-2 gepresste Zehen Knofel, ein Lorbeerblatt und Majoran hinzu.

Die zuvor feinblättrig geschnittenen Erdäpfel (nicht zu fein, damit man etwas zum Beißen hat) werden nun in Reindl der Brühe beigemengt und sorgfältig vermischt.

Um die ganze Sache mollig – um nicht zu sagen flaumig – zu machen, mischt man einen Becher Rahm darunter.

Jetzt kommen noch Essiggurkerln dazu. Zuletzt gesellt sich das vorgekochte Rindfleisch in den Topf. Unter gewissenhaftem Umrühren kocht alles noch einmal auf. Immer wieder abschmecken und bei Bedarf mit Salz und Pfeffer würzen.

Gesegneten Appetit wünscht Ihnen Ihr

Dipl. Ing. B. Schwingenschlögl

Lena Fuchs
Kommunikation
Volkstheater

Lena kenne ich schon sehr lange, noch aus ihrer Tätigkeit im Schauspielhaus vor elf Jahren. Sie ist mittlerweile eine leidenschaftliche Wienerin geworden. Zusätzlich zum Rezept liefert sie hier noch einen kleinen Einstieg in den Sprachkurs »Norddeutsch für Fortgeschrittene«. Das Ergebnis ist »Gsöööchts mit Kraut und Knödl«.

Während des Lockdowns hatte ich Zeit.
Und ein seltenes Gefühl: Heimweh.
Dieses ging mir durch den Magen,
und so entspannen sich die längsten
Gespräche, die ich mit meinem sonst
eher telefon-maulfaulen Vater je
geführt habe.
Eines davon ging ungefähr so:

Lena Fuchs

Kassler mit Sauerkraut

Papa:

Moin Lena, ich hab das nochmal nachgeguckt: Karree sacht man in Österreich, das nimmst du am besten für G-sööö-chts, so heißt das ja bei euch, ne? Denn sach das man beim Schlachter so. Die wissen das denn schon.

Jo und denn machst du die Pfanne schön heiß, und brätst das man auf allen Seiten an. Viel Zwiebel dazu, und dann in den Bräter, Zwiebeln nach unten. Das Fleisch reibst du noch mit Knoblauch ein, weißt du wie ich das immer mach, mit der Gabel Knoblauch zerdrücken und Salz dazu, und dann drauf. Nee, ohne Deckel!

Denn nimmst du Mehl, so 200 Gramm, und jo, büschen Wasser oder Milch, und ein Ei. Und Backpulver, nich zu viel, so ne Prise. Und Salz. Das musst du gut verrühren, mit dem Knethaken. Hast du nich? Ach jo, das geht schon, mach mit den Fingern, richtich kleben muss das! Zwei alte Brötchen kleingemacht, kannst auch einfrieren, weißt du ne? Jo, wieviel wiegt das? Nimm man zwei Handvoll, und kuck, wie das dann aussieht. Jedenfalls musst du den Teig schön glatt machen außen, richtig schleimig, büschen Wasser in die Hand, und dann ins Salzwasser. Ordentlich Salz.

Sauerkraut aus der Packung? Das gibt's doch bei euch aufm Markt, naja, hast du nich mehr geschafft. Dann würz das man noch büschen nach.

Jo, und denn man tau!

Mama:

Ich soll dir noch von Papa sagen, nicht den Kümmel vergessen!

André Pohl
Schauspieler

Da ich die Zutaten zufällig alle im Haus hatte, ging es gleich ans Nachkochen. Viel Applaus seitens der Beglückten! Macht wenig Arbeit, schmeckt ausgezeichnet, geht schnell und ist eine echte Bereicherung für alle Lebenslagen. Mir hat Roggenbaguette dazu am besten geschmeckt.

Es war der Tag Anfang März, als die Supermärkte schon nahezu geplündert waren. Pasta, Reis, Kartoffeln: aus, aus, aus....

Vor mir an der Kassa zog ein Paar tatsächlich eine vollgepackte, rollende Palette hinter sich her.....

Ich hatte noch ein paar Kleinigkeiten und eine Packung Hühnerkeulen erwischt.

Aber: Durch den Mangel an Möglichkeiten kam mir zu Haus ein herrliches, leichtes Hühnergericht wieder in den Sinn:

HUHN IN KNOBLAUCH-WEISSWEINSAUCE

Und das geht so:

Idealerweise: ein in 8 Teile zerlegtes HUHN anbraten; herausnehmen; mit SALZ, PFEFFER und PAPRIKAPULVER würzen.

Eine ganze KNOBLAUCHKNOLLE schälen, die Zehen in feine Scheiben schneiden, kurz anbraten, mit $\frac{1}{4}$ l WEISSWEIN aufgießen; 2 LORBEERBLÄTTER dazu und kurz aufkochen.

Angebratene Hühnerteile in einen Bräter legen, Knoblauch-Weißwein-Sauce dazugeben und 45 min bei 150° ins Backrohr. Für die knusprige Haut noch einmal 5-10 Min bei 190°.

Raus aus dem Ofen, mit gehackter PETERSILIE bestreuen und auf den Tisch damit.

Mit Baguette diese herrliche Sauce auftunken..... Und alles war gut........

André Pohl

Portierloge Burgtheater
Gemeinschaftsrezept

Was alles ist nicht die Portierloge? Unentbehrlicher Infopunkt, verlässliches Stimmungsbarometer für die einzelnen Abteilungen, bewährter Ärgerablasshotspot, sicherer Fundsachenaufbewahrungsort mit Regenschirmausborglizenz, in- und externe Spionagezentrale, probates Prognosezentrum für Premierenerfolge, Abfangposten für Hausfremde, Ort zum Schmähführen und vieles mehr. Im Team liegt die Kraft, auch beim Kochen!

Reinhard Ganglbauer
Echter Wiener mit böhmischer Urgroßmutter, gelernter Maler und Anstreicher, seit 2003 in der Portierloge im Burgtheater

Sabine Wallner
Kärntnerin, gelernte Friseurin,
bis 2018 Kantine Burgtheater, seither Portierloge

Michi Berger
Noch ein echter Wiener, gelernter Bürokaufmann, seit 27 Jahren Burgtheater, u. a. am Schnürboden, Direktionsbote

Hühnerbrust à la Leiwand

4 Stück Hühnerbrust, 2 Eier, Tomaten, Bund Jungzwiebel, 150 Gramm Gouda, Gewisbein, Schlagobers, Schwarzwälder Schinken würfelig geschnitten, Butter, Salz, Milch,

In eine fürs Backrohr geeignete Pfanne mit Butter ausfetten, Ei mit Milch nach Gefühl, versprudeln, salzen, 125g Käse dazu, mit Küchenrolle abgetupfte Hühnerfilet, ohne Mehl, durch das Käse/Ei/Milch Gemisch durchziehen. Filet in die Pfanne legen und mit restlichen Käse/Milch/Ei Gem. bedecken. Anschließend 250ml Schlagobers darübergießen. Speckwürfel darüber verteilen, geschnittene Tomatenscheiben, Jungzwiebel bestreuen. Mit restlichen Käse bestreuen und ca. 40 min bei 180° ins Backrohr GA

Karl Heindl
Sicherheitsbeauftragter
Burgtheater

Mit Karl erlebte ich spannende Stunden im Bauch des Burgtheaters. Seine Führungen in unterirdischen Gängen, durch die der Kaiser seinerzeit zu Pferd ins Theater ritt, und seine Erklärungen zur Frischluftzufuhr aus dem Volksgarten sind mir wunderbar in Erinnerung geblieben. Zur optimalen Einstimmung auf die liebevoll gestalteten Rezepte empfiehlt sich seine Burgtheater-Spezialführung in japanischer Sprache.

HAUSMANNSKOST AUS JAPAN – SANSHOKU BENTO

Für 3 Personen: 150g Zuckererbsen oder Fisolen oder Spinat, 4 Eier, 250g Faschiertes gemischt, ¼ Weißkohl, 1 Zwiebel, Sojasoße, Salz, 1½ Teelöffel Zucker, Ingwer gerieben; Serviert nach Farben getrennt auf weißem Reis.

Erbsen putzen und in Salzwasser kochen; Eier und 1EL Sojasoße vermischen und in erhitzter Butter braten – dabei ständig mit 4 Essstäbchen verrühren, bis eine körnige Struktur entsteht; Kohl und Zwiebel klein gehackt in etwas Öl anbraten, Fleisch hinzufügen und mit Sojasoße, Zucker und Ingwer würzen.

Akiko und Karl Heindl

CHINESISCHES SCHWEINEFLEISCH

Zutaten:

Schopfbraten, 500g
Porree
Ingwer
2 Knoblauchzehen
Reiswein, 13%, 250 ml
Sojasoße, 90 ml
3 EL Honig

Den Braten mit Kochschnur fest wickeln, Ingwer putzen und mit der Schale in Scheiben schneiden. Knoblauch zerdrücken und alles in einen Schmortopf legen. Reiswein, Sojasoße und Honig darüber gießen und bei milder Hitze und aufgelegtem Deckel 1,5 Stunden kochen. Fleisch oft wenden, damit sich der Saft gut einkocht. In Scheiben schneiden und mit Reis genießen.
Dazu passt auch roher, fein geschnittener Eissalat.

いただきます

Akiko und Karl Heindl

Norman Hacker
Schauspieler

Ich dachte schon, keiner wagt sich an Fisch! Hier kommt er endlich angeschwommen und will nachgekocht werden.

Fisch gewagt ist ganz gewonnen

Für 2 Personen:
Zwei frische Saiblings- oder Lachsforellenfilets
- gewürzt mit Svens Fischgewürz von Sonnentor, Salz, Pfeffer

Auf den Grill legen, oder in Alufolie gewickelt im Rohr bei ca. 180°C garen.

Dazu ein Salat mit:
Baby-Spinat, Tomaten, Roten Rüben, Avocados
und Ziegenkäse (in kleinen Würfelchen)
Dressing: Olivenöl/Balsamico

Dazu Weißbrot oder Knoblauchbaguette,
und ein schöner, trockener Weißwein.

Guten Appetit,
Norman Stadler

Lilli Nagy
Theaterbetriebsärztin

Seit 20 Jahren unheilbare Theateraffinität ohne Aussicht auf nennenswerte Therapieerfolge. Vorrangige Symptomatik: chronischer Drang, gute Theaterstücke immer wieder anzusehen. Neugier auf alle kommenden Inszenierungen und nach Corona-Zwangspause ausgeprägtes Suchtverhalten nach Bühnenluft. Bei Theaterstücken, in denen etwas gegessen wird, will ich immer genau wissen, was in den Töpfen ist. Nachkochen ist nicht ausgeschlossen.

Alles-Könner Marinade für Garnelen, Thunfisch oder Steaks

- ca. 1/8 l Olivenöl
- Saft einer Limette
- 5 Knoblauchzehen, gepresst
- Salz, Pfeffer
- 1 TL Korianderpulver
- 2 Bund frischer Koriander, gehackt
- 1 Bund Basilikum, gehackt
- Chili (frisch oder getrocknet)

Alle Zutaten zu einer Marinade verrühren – sie riecht so gut, dass die Garnelen, Thunfischfilets oder Steaks ganz freiwillig hineinspringen, um ein letztes Bad zu nehmen.

Im Kühlschrank ein paar Stunden ziehen lassen, bevor es in eine heiße Pfanne abgeht. Von jeder Seite 2-3 Minuten braten; eventuell noch etwas Olivenöl dazu gießen.

Dazu passt Baguette oder Safranreis... oder alles, was grad da ist!

Lilli Nagy

Hermann Scheidleder
Schauspieler

Natürlich gibt es viele Fleischlaberlrezepte – das hier vorgestellte ist wahrscheinlich das beste. Mit dem Autor verbindet mich die Liebe zu durchaus deftigen Gerichten. Einem gelungenen Schweinsbraten können wir viel abgewinnen, aber auch gefüllte Melanzani vom Türken schmecken uns ausgezeichnet. Und noch was: Wir riechen das Essen gern und andächtig, bevor wir loslegen. Esskultur eben.

Faschierte Laibchen

Tefteli (russisch mit Reis)

Keftele (Fleischlaibchen bezeichnet von Tante Eva)

Meine Familie mütterlicherseits kommt aus Rumänien: Meine Großeltern siedelten sich als junges Paar von Moldova kommend im Donaudelta in der Dobrudscha an, um dort eine Familie zu gründen. Meine Mutter wurde als letztes Mädchen von insgesamt 7 geboren. Die letzten Kinder waren dann Buben. So habe ich neben meiner Mutter noch 6 Tanten, die alle herrlich kochten. Sie waren alle Analphabeten, da sie schon als Kinder bei kinderlosen oder reichen Familien in der Stadt Tulcea, welche ein paar Kilometer vom Dorf Malcoci entfernt war, arbeiten mussten und nicht zur Schule gehen konnten. Heute lebt keine mehr von ihnen und aufgeschriebene Rezepte gibt es auch nicht - war auch nicht nötig, denn man half in der Küche mit und so lernte man, wie die Mama oder die Tante das jeweilige Gericht kochte. Die Familie war groß bei den Zusammenkünften oder Besuchen. Man rückte zusammen und es gab immer große "Teppe" (Töpfe) oder Schüsseln mit herrlichen Gerichten.

Die Lieblingsgerichte waren Galuschti (eine Art Sarmale, Krautwickeln) oder Faschierte Laibchen (die verschieden benannt und auch zubereitet wurden.) Ich konnte blind erraten, wer von meinen Tanten die Galuschti oder Kefteli gekocht hatte. Ein paar Jahre vor Kriegsende wurde die gesamte Familie "heim ins Reich" geholt. Die Mutter war nach der Geburt von 12 Kindern mit 42 Jahren gestorben, der Vater wollte in Rumänien bleiben und so wurde die Familie in viele Gegenden verstreut. Die Älteste emigrierte nach Kalifornien, zwei auf die Schwäbische Alb, drei Geschwister nach Nordrhein-Westfalen, eine ging zurück nach Rumänien, meine Mutter fand in Österreich meinen Vater und der Jüngste landete in Australien. So waren die Kifteli Fleischküchle, Fleischlaberl, Frikadellen und in US die rumanian burgers. Hätte ich je einmal nach einem geschriebenen Rezept gefragt, ich hätte nur eine verständnislose Reaktion bekommen. - Kochen - das macht man aus Erfahrung und eine Beschreibung von Zutaten und Abläufen, wie man sie heute so wunderbar im Internet findet, die gab es nicht. Ich habe jetzt mit 70 Jahren in der Corona-Zeit die bis jetzt besten und köstlichsten Kefteli gekocht und sollte jetzt das aufschreiben? Wie meine Tanten oder meine Mutter bekäme ich zur Antwort:

„Na, da nimmst eine große Schüssel, wo alles zusammengemischt wird. Halb Schweinefleisch und halb Rindfleisch - eher vielleicht ein bisschen mehr Schweinefleisch, Eier reinschlagen, würzen mit Majoran, gemahlenem Koriander, etwas Leuștean (Liebstöckel), salzen, etwas gemahlenen Pfeffer - ja" …. und da müsste ich mich für eine der Zubereitungen entscheiden, Fleischlaberln von der Kathi, Fleischküchle von der Minna oder der Emilie, Frikadelle von der Helene oder Eva. Wisst's was! - Ich sag Euch, wie ich sie mache, denn nach vielen Jahrzehnten habe ich das Beste von allen Tanten für mich herausgefunden. Inzwischen esse ich nur mehr meine Variation und einige meiner Freunde bestellen sie schon vor, wenn ich sie zum Essen oder zu Besuch eingeladen habe. So legendär wie Tante Jolesch's Krautfleckerln (übrigens auch von mir inzwischen fast vollendet zubereitet) sind meine Fleischlaberl (noch) nicht, doch ich esse sie ausschließlich nur von mir zubereitet. Also das erste Mal das Familienrezept hier aufgeschrieben - na ja, eher erzählt.

Meine Lebens-Fleischlaberl

Ich nehme eine große Schüssel, einen Weitling oder große Plastikschüssel, gebe Knödelbrot hinein, nicht zu wenig und schütte Milch drauf, dass sie einweichen.

Insgesamt 3/4 kg gemischtes Hackfleisch dazu, dann 2 feingeschnittene Zwiebel, die vorher in einer Butter-Schweineschmalzmischung angeröstet wurden, bis sie schön Farbe haben, dazugeben. Drei ganze Eier reinschlagen, frischen fein geschnittenen Dill und Petersilie dazu geben, würzen mit Salz, Pfeffer, etwas geschnittenem oder gemahlenem Liebstöckel, unbedingt Majoran und gemahlene Korianderkörner, 3 Zehen zerdrückten Knoblauch. Jetzt kommt für mich das Wichtigste: mit gewaschenen Händen alles durchmischen, auch wenn die Zwiebel vielleicht noch heiß ist. Sollte es allzu breiig sein, dann nehme ich noch etwas Knödelbrot dazu (keine Semmelbrösel!). Diesen Teig mit den Fingern durchmischen, durch die Finger gleiten lassen, so dass es ein gut durchmischter Teig wird, dann die Laibchen formen. Eventuell leicht mit Mehl bestauben. Den klebrigen Teig immer von dem Fingern runterschaben. Inzwischen in einer großen Pfanne eine Mischung aus Butterschmalz, Schweineschmalz, etwas Butter (bräunt zu schnell) oder auch etwas Öl (Maiskeim oder Rapsöl, kein Olivenöl) und darin die Laibchen rausbraten. Zuerst die Hitze hochdrehen, dann umdrehen und zurückdrehen, die Laibchen aus der Pfanne auf einen Teller legen und so nach und nach alle Laibchen rausbraten. Diese sollten schon durchgebraten sein. Dann alle in die Pfanne dazu, Deckel drauf und warmstellen.

Ich esse am liebsten dazu ein Erdäpfelpüree mit in Butter frisch gerösteten Zwiebelringerln, die über das Püree mit der flüssigen Butter drübergekippt wurden. Einen einfachen grünen, frischen, knackigen Salat oder einen Salat im Sommer mit reifen Tomaten und roten Zwiebeln. Hm - ich werde gleich das alles zubereiten. Ich kann nur mehr dran denken und das hört erst auf, wenn ich meine Keftele oder Fleischlaberln inkorporiert habe mit den Seelen meiner Tanten. - Ach, wie gut, wenn man gerne kocht, es auch kann - eine Lebensaufgabe, um sich und andere zu beglücken in Zeiten, wo Gasthäuser geschlossen sind und auch mich keiner besuchen darf, um mit den Fleischlaberln von mir bewirtet zu werden. So lasse ich es mir auch ganz alleine schmecken und so die Quarantäne-Zeit überstehen.

Zóltan Röszler
Gewandmeister

Zóltan hat mich schon durch seine Schneiderkünste beeindruckt, als er noch im Theater in der Josefstadt arbeitete. Den Gipfel seiner Meisterschaft entdecke ich während eines ungarischen Essens ganz zufällig: An der Rückseite des linken Reverskragens seines Sakkos ist eine kleine Blumenvase aus Stoff aufgenäht. Durch das auf der Vorderseite befindliche (selbstverständlich handgenähte) Knopfloch lässt sich mühelos eine Blume fädeln. Wie heißt es doch so schön: Eleganz ist das Küken der Ästhetik!

Gefülltes Kraut

Dieses Rezept ist von meiner Großmutter, die aus dem ungarischen Teil Rumäniens stammte. Bei uns kommt es traditionell zu Weihnachten auf den Tisch. Gefülltes Kraut schmeckt umso besser, je öfter es aufgewärmt wird. Daher machen wir so viel, daß wir bis Silvester etwas davon haben!

Zutaten für 4 Personen:

8 Sauerkrautblätter
1 kg Sauerkraut
50 dag Faschiertes
30 dag Geselchtes
1 Ei, 1 Tasse Reis
5 dag Schmalz
2 Zwiebeln, 1 Knoblauchzehe
10 dag Speck, 2 Lorbeerblätter
Salz, Pfeffer, Majoran
Paprikapulver süß
1/4 Rahm, Wacholderbeeren
1 ungarische Hauswurst

Faschiertes mit Reis, fein gehackten und gerösteten Zwiebeln und Speck, dem Ei und den Gewürzen gut vermischen.

Die dicken Blattrippen der Krautblätter herausschneiden od. klopfen, die Füllung darauf verteilen und die Krautblätter einrollen.

Die Hälfte des Sauerkrauts in einem Topf verteilen, die Rouladen und das in Würfel geschnittene Geselchte darauflegen. Lorbeerblätter und Wacholder darauf verteilen. Dann mit dem restlichen Sauerkraut bedecken. Die in Stücke geschnittene Hauswurst darauf verteilen. Mit etwas Wasser aufgießen. Aufkochen und dann auf kleiner Flamme ca. 2 Stunden köcheln lassen.

Mit Rahm servieren.

Bitte Zoltan   Jó Étvágyat

Bernhard Knapp
Billeteur
Volkstheater

Ein richtig gutes ungesundes Rezept musste selbstverständlich auch vertreten sein …
Hier ist es:

Die löbliche Köchin Dragi mit einer der Hauptingredienzen. Hier zwar helles Bier, aber als Kochprofi kann man sich leicht das empfohlene dunkle vorstellen.
Achtung: Nicht über den Braten, sondern immer von der Seite her angießen!

Knuspriger Kümmelbraten à la Dragi

Schon von weiten steigt einem der herrliche Duft in die Nase und man erspart sich den Blick in die Speisekarte.

Für 4 Personen

1 kg Bauchfleisch im Ganzen mit Schwarte
schröpfen → Schwarte kreuzweise einschneiden
kräftig salzen, pfeffern
mit Kümmel (ganz, 1 EL)
und Senf (scharf) einreiben
mit der Schwarte nach oben in den Bräter
4 angedrückte Knoblauchzehen und
1 halbierte Zwiebel dazu
1/8 l Weißwein angießen
Backrohr mit ca. 180°, Ober- Unterhitze, 2h
nach 1h bei Bedarf Wasser an der Seite
zugießen, nicht über den Braten.
Fürs Saft'l 1/4 l dunkles Bier
am Ende dazugießen.

An Guatn!

Bernhard Knapp

Sona MacDonald
Schauspielerin

Hier sitzt Sona in der Abendsonne und denkt wahrscheinlich »*Wann wird hier endlich mein Lieblingsdrink serviert?*«.

Der typische Salzring lässt sich folgendermaßen ans Glas zaubern: Den oberen Glasrand mit der eingeschnittenen Limettenspalte anfeuchten und ins grobe Salz tauchen. Fertig.
Kleiner Aufwand, große Wirkung.

Aus BUCH DER UNRUHE: PESSOA
246

Alles, was uns widerfährt, als Geschehen oder Episoden eines Romans betrachten, den wir nicht mit unseren Augen, sondern mit dem Leben lesen. —
Allein mit dieser HALTUNG können wir die Tücke der Tage, die Launen der Ereignisse bezwingen.

10. März 2020
 Theater i./d. Josefstadt schliesst auf Grund der Corona Krise, wie sie dann später benannt wurde. Und die Ungewissheit herrschte in jedem Menschen — habe ich den Virus etwa? Schlummert er in mir? Auf der ganzen Welt plötzlich im Einklang mit einer gemeinsamen Frage.

In den kommenden Tagen und Monaten lernte ich wieder _das Detail_ in allem mehr zu sehen. Innehalten und gleichzeitig voller Unruhe. Dankbarer und bewußter, weniger gehetzt. Nach innen schauen und dies aushalten war angesagt.

Es wird jeder, wo immer er steht
im Leben, was immer er ist oder
glaubt zu sein — er wird sich
herausgerissen fühlen, eben aus
seinem "selbstgerachten" Strom
des Lebens
Somit kann Reflektion beginnen
Ein in sich gehen und hinein horchen.

Mein LieblingsDrink

MARGARITA Classic

COCKTAILSCHALE (20 cl)
SALZ auf befeuchteten Glasrand
½ Limette
6 cl Blanco Tequila
2 cl Triple Sec
2 cl frisch gepresster Limettensaft
Eiswürfel
Barmaß
SHAKER
BARSIEB
und gute Musik
und Sonne und Meer

Markus Meyer
Schauspieler

Nachfrage: Muss man die Eier trennen? Eiklar aufschlagen? Antwort: Nein!
Das klingt ja wirklich einfach, wie erste Backlektion. Ich hab' die Torte gleich ausprobiert und noch in Rum eingelegte frische Marillenstückchen unter die Topfenmasse gehoben. Cranberrys und geriebene Zitronenschale fühlen sich darin sicher auch sehr wohl, gestiftelte Mandeln sowieso.
Und noch was: Die Menge reicht für mindestens 12 Personen.
Hier noch der Originalton von Markus:
»... diese Topfentorte ist tierisch gut und affeneinfach zuzubereiten!«

Topfentorte ohne Boden

Arbeitszeit: 10 Min
Backzeit: 1h
∑ 1h 10 Min

Zutaten:

- 1 kg Topfen
- 6 Eier
- 100 g Mehl
- 250 g Butter
- 250 g braunen Zucker
- 1/2 Pck. Backpulver
- 2 Pck. Vanillezucker
- etwas Zitronensaft

Zubereitung:

Alle Zutaten miteinander mischen und in eine Springform (eingefettet) geben. Bei 170° C Ober-/Unterhitze ca. 1h backen.
Nach dem Backen den Kuchen

– 2 –

<u>Zubereitung</u> (Forts.)

noch im Ofen abkühlen lassen, damit es nicht zusammenfällt.

Wenn man diesen Kuchen mit Obst genießen will, kann man Mandarinenstücke oder Kirschen mit in den Teig geben.

Diesen Kuchen habe ich mit oft gemacht, um die Corona-Zeit mir zu versüßen.... passend zum Kuchen ein gutes Buch... und man fühlt sich nicht so allein!

Guten Appetit

Stefanie Dvorak
Schauspielerin

Apfelnockerln sind eine süße Reminiszenz an vergangene coronafreie Zeiten. Viele Theatermenschen erinnern sich, dass auch ihre Großmütter legendäre Apfelnockerln, mitunter als Hauptgericht, auftischten. Meistens waren es viel zu wenig.

Apfelnockerln

ein Rezept meiner Nonna

Zutaten für den Teig

- 200 g Mehl
- 2 Eier
- 1/8 l Milch
- 60 g Butter
- Salz

Die Butter wird flaumig gerührt oder zerlassen, dann mit den Eiern, dem Mehl der Milch und dem Salz kurz zu einem ziemlich weichen Teig verrührt. Gleich danach wird dieser Teig in Form kleiner Nockerln mit einem Löffel oder mit einem Nockerlbrett und einem Messer oder durch die Nockerlmaschine in siedendes Salzwasser gegeben und darin ca. 5 Minuten gekocht. Dann werden die Nockerln abgeseiht, mit heißem Wasser abgeschwemmt, abgetropft und in etwas heißer Butter geschwenkt.

So, die erste Hürde ist geschafft!

Jetzt benötigen wir 5-6 aromatische Äpfel, Butter, Zucker und Zimt!

Die Äpfel werden geschält und feinblättrig geschnitten. Dann gibt man 3-4 EL Zucker in eine große Pfanne und erhitzt ihn bis er eine goldbraune Farbe hat, gibt 50 g Butter dazu und läßt sie leicht aufschäumen. Jetzt fügt man die Äpfel dazu und schmeckt das Ganze (nach Belieben) mit viel Zimt ab. Nun fügt man noch die Butternockerln hinzu und rührt alles kräftig durch! Voilà und fertig sind die Apfelnockerln! Wer mag, kann sie vor dem Servieren noch mit Staubzucker bestreuen!

Mahlzeit!

Paul Wolff-Plottegg
Schauspieler

Im Zuge eines emotional geführten kulinarischen Gedankenaustausches von Koch ohne Grenzen und Herausgeberin mit Nachkochambition kam man zum übereinstimmenden Schluss, dass sich anstelle der Biskotten auch Reste von zerbröselten Weihnachtskeksen als probates Dessertfundament ausgezeichnet eignen. Also Leute, aufgepasst: Immer ein paar Vanillekipferl und Co. auf die Vorratsseite packen! Man weiß schließlich nicht, wann die nächste Krise anrollt.

Der Koch legt noch Wert auf folgenden Kommentar: »*Dieses Dessert hat mit dem Frühling zu tun. Da ich fast nur saisonal und lokal koche, sollte es auch nur zu dieser Zeit zubereitet werden, März bis Juni. Es ist einfach und köstlich. Mit Corona hat dieses Rezept nur zufällig und unabsichtlich zu tun, da es sich genau mit der Zeit der Pandemie deckt, im Gegensatz dazu aber die Stimmung hebt.*«

Dessert im Glas
(geschichtet)
Erdbeer-Rhabarber mit weißer Mousse au Chocolat

Zutaten: f 4 Pers.

Erdbeeren 300 g plus einige zur Deko, wer's mag
Rhabarber 300 g in Stückchen geschnitten
Weiße Schokolade 120 g
Keksbrösel / oder Löffelbisquit (= Biskotten) 10 Stk.
Schlagobers 250 ml
(Staub)zucker 3 EL
Vanillezucker

Zubereitung

Die Schoko zerkleinert in eine Schüssel geben. Ca. 1/4 vom Schlagobers erhitzen und über die Schoko gießen. Gut und fest rühren bis die Masse glatt ist, abkühlen lassen und dann 1 Std. in Kühlschrank. In der Zeit den geschnittenen Rhabarber mit dem (Staub)zucker und 2 EL Wasser bei mittlerer Hitze ca 10 min weich kochen, abkühlen. Erdbeeren in Stückchen schnibbeln, mit Vanillezucker bestreuen. Wer mag, kann etwas Alk dazu geben (Grand Marnier, Rum, Williams) nach Gusto.
Die restliche Sahne zur gut gekühlten Schoko in die Schüssel gießen. Mit Mixer aufschlagen, bis es fest wird.
Vier Gläser nehmen, den Boden mit Keksbrösel (Biskotten) bedecken, dann eine Schicht Rhabarber Kompott, darauf eine Schicht Erdbeeren. Dann wieder Keksbrösel und schließlich Mousse au Chocolat drauf. On top Deko Erdbeeren.

- 2 -

Die Mousse kann man aber auch einfach so zum Nachtisch essen. Allerdings empfehle ich aber, sie mit dunkler Schokolade zu machen. Beim Aufschlagen aufpassen, nicht zu lange, sonst wird's Butter.

Acteur sans frontières

Paul Wolff   B.tgg

Regina Fritsch
Schauspielerin

Jedes Wort ein kostbares Erbe, jede Zutat eine Erinnerung. Die Lieblingstorte ohne Mehl wurde und wird quer durch alle Generationen serviert. Das Original des Rezeptheftes durfte ich nur nach langer Überzeugungsarbeit kurz einsehen und musste versprechen, es sofort wieder an der Portierloge im Burgtheater zu deponieren. Verständlich, bei so einem Familienschatz.

Meine Großmutter war jahrelang Köchin in einem gehobenen jüdischen Haushalt. Viele ihrer köstlichen Rezepte hat sie in einem kleinen A5-Schulheft notiert. Dieses Heftchen hüte ich wie meinen Augapfel, denn jedes Mal, wenn ich es öffne und ihre Schrift sehe, breitet sich ein warmes, frohes Gefühl in mir aus … Meine Großmutter konnte nämlich nicht nur fantastisch kochen, sie war in allem eine außergewöhnliche Frau. Bis heute ist sie das Vorbild meines Herzens.

Zu jedem Geburtstag oder Namenstag gab es von ihr eine Torte. Meine Lieblingstorte war die „Wörter-Torte"! Warum sie so heißt, weiß ich leider nicht, ich habe meine Großmutter nie danach gefragt. Jetzt möchte ich der Torte meine eigene Bedeutung geben: Mit jedem Bissen von dieser Torte isst man auch die Wörter, die meine gute, liebe, bescheidene, heitere, gelassene, mutige, starke, fleißige und lebenskluge Großmutter charakterisieren …

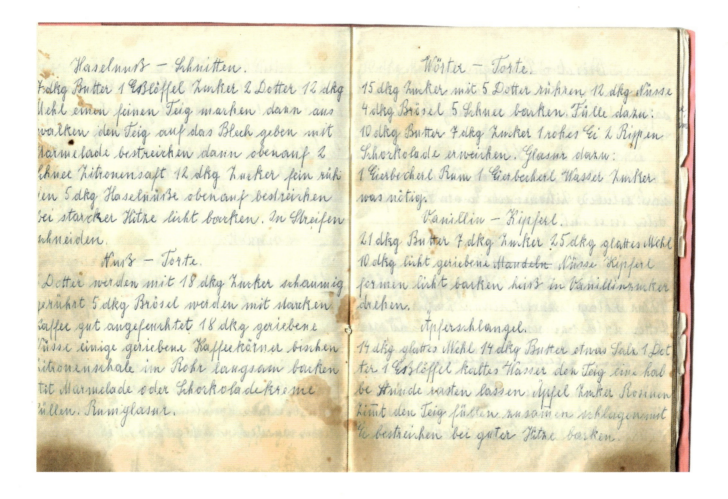

Brigitte Aghemwenhio
Lohnbüro
Theater in der Josefstadt

Napoleons typische Kopfbedeckung war ein Zweispitz, bei dem die Krempe so aufgestellt ist, dass sich zwei Spitzen bilden. Es gibt zwei Möglichkeiten des Aufsetzens: entweder als *Wellingtonhut* mit einer Spitze nach vorne und einer nach hinten, oder als *Napoleonshut* quer getragen, wie dies bis heute bei den Bereitern der Spanischen Hofreitschule Tradition ist.

Unter einem Dreispitz versteht man eine Hutform mit dreiteilig nach oben geklappter Krempe, so wie von Brigitte gezeichnet.

Napoleonshütchen

Teig:
- 250g Mehl
- ½P BP
- 65g Staubzucker
- 1P VZ
- 1EL Milch
- 1 Dotter (Rest zum Bestreichen)
- ½P Orangenschale, oder frisch gerieben
- 125g Butter

Füllung:
- 120g Haselnüsse, gerieben
- 35g Zucker
- 1 Eiklar
- 1 Prise Zimt
- ½P Orangenschale
- 1EL Milch

restl. Dotter und Milch zum Bestreichen

Für den Teig die trockenen Zutaten vermischen. Milch, Dotter und Butter zugeben und mit den Händen gut durchkneten.

Für die Füllung alle Zutaten in eine kleine Schüssel geben und mit einem Löffel verrühren.

Arbeitsfläche bemehlen, Teig 3mm dick auswalken und gewellte Kreise (6cm Ø) ausstechen. Den Rand mit der Dotter-Milch Mischung bestreichen. 1TL von der Fülle in die Mitte der Kreise geben. Den Teig von 3 Seiten zur Mitte hin einbiegen und bestreichen.

Bei 200°C Ober- u. Unterhitze 11-12 Minuten backen.

Aghemwenhio Brigitte

Matthias Riesenhuber
Kaufmännischer Leiter
Schauspielhaus Wien

Die Apfelmousse-Schnitten schlummerten lange im Verborgenen, bis sie Matthias zur Coronazeit für diese Rezeptsammlung aus dem Dornröschenschlaf erweckt hat. Unsere Wege kreuzen sich regelmäßig, z. B. beim Überprüfen des Notfallkoffers oder beim Austüfteln des Covid-19-Konzeptes für sein Haus. Nach getaner Arbeit gehen wir immer sehr gerne zum Mittagessen ins *Rebhuhn*.

Apfelmousse-Schnitten

1. <u>Mürbteig</u>

10 dag Butter
7 dag Zucker
2 Eidotter
1 ganzes Ei
(ev. geriebene Zitronenschale)
10 dag Mehl

→ in dieser Reihenfolge zusammenschmeissen; mixen.

2. <u>Apfelmousse</u>

Äpfel putzen & schälen, mit wenig Wasser (1 Tasse) kochen; 2 Zimtstäbe / 1 Schuss Zitronensaft dazu.
mit Stabmixer kurz mixen (pürieren).
4 gehäufte Esslöffel Zucker dazu mischen (mitkochen)

→ Teig 10 min. vorbacken bei 200°C,
Mousse draufpappen,
20 min. backen. Fertig. Geniessen!

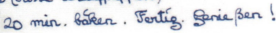

Hermann Beil
Dramaturg, Regisseur, Rezitator
und Zuckerbäcker

Die berühmt gewordene Versöhnungstorte für Regisseur und Hauptdarsteller war *Una torta di cioccolato.* Und erlaubtes Doping garantierten seinerzeit 27 *Sportstücktorten*, die dem sportlichen Ensemble die erforderlichen Zusatzenergien lieferten. Was lernt man daraus? Torten zu backen hat einen riesigen Zusatznutzen, der auch noch hervorragend schmeckt! Nichts wie ran ans süße Glück!

Hermann Beil

DIE POETISCHE GEBURTSTAGSTORTE

Es entsprang einer Sommerlaune und geschah in der Bretagne, es war 1991 und der Himmel war nur blau und die Luft erfrischend. Da ich gerne Kochbücher lese – Rezepte sind für mich wie Gedichte oder wie eine kleine story –, schmökerte ich das fabelhafte Büchlein der Alice Vollenweider über ihre Reisen durch italienische Provinzen und Gasthäuser durch, in denen sie besonders einfache und besonders köstliche Speisen entdeckte und deren Rezepte notierte. Der Titel eines Rezepts sprang mich geradezu an: *Torta di granoturco!* Ein Rezept, das so musikalisch einladend klingt! Wie mag wohl diese Torte schmecken, deren deutscher Titel ziemlich prosaisch ist: Maismehltorte? Nun, ich, der ich noch nie Kuchen oder Torten oder irgendeine Bäckerei gemacht habe, entschloß mich leichtsinnig, es zu versuchen, denn ich wollte unbedingt wissen, wie eine *Torta di granoturco* wirklich schmeckt.

Beim Einkauf im supermarché half mir Vera Sturm, die eine wunderbare Köchin ist, aber ans Werk ging ich ganz allein. Das war dramaturgische Ehrensache! Es war schließlich wie Weihnachten … Die Torte gelang und feiner Duft durchzog die Wohnküche unseres bretonischen Ferienhauses. Ab nun gab es kein Halten mehr. Ich sammelte, suchte, spürte nach Tortenrezepten, die einen poetischen Charakter versprachen, und probierte nach den Theaterferien in der Wiener Gentzgasse ein Tortenrezept nach dem anderen aus. Bald streikte mein alter Backofen mit einem Knall total, mit einem neuen bekam meine Backlust einen ungeahnten Schwung. Es war Sammlerleidenschaft in der Stille des Morgens, denn es war ein Genuß, um 4 Uhr früh ein neues Rezept zu entdecken und mit Muße auszuprobieren. Backen ist im Grunde wie Dramaturgie: die richtige Mischung, die richtigen Zutaten, die richtige Zeit. Und mit Gespür, keine Hast und nicht gehudelt! Freilich sollte man jedes Rezept geduldig überprüfen, auch korrigieren nach Gutdünken. Die Zuckerangaben sind meist übertrieben, weniger ist immer mehr! Auch die Hitzegrade kann man ruhig anpassen. Immer überlegte ich mir auch eine passende kleine Zutat, sozusagen als meine eigene wienerische Variante des Rezepts.

Bald suchte ich mir Anlässe, um eine zum Ereignis oder zum Menschen passende Torte zu erfinden. Schließlich hatte ich 16 Torten in meinem Repertoire. Das alles entstand ganz einfach, weil ich wissen wollte, wie schmeckt eine Mohntorte ohne Mehl oder eine steirische Kürbiskerntorte, eine Vorarlberger Rüblitorte oder eine reine Apfeltorte, die man *Beckett-Torte* nennen darf. Torten können sogar hilfreiche Argumente sein, das erlebte ich damals, als ich mit einer Schokoladentorte nach einem Rezept aus den Abruzzen eine lang erwartete Burgtheater-Premiere buchstäblich rettete: Jedenfalls verleitete diese einfache wie köstliche

Torte Regisseur und Hauptdarsteller, ihre bereits abgebrochene Probenarbeit wieder aufzunehmen. Diese Torte gilt seitdem als die *Theaterkatastrophenverhinderungstorte.*

Eine meiner Torten – deren Rezepte ja kein Geheimnis sind, habe ich doch einige in meinem Buch „Theaternarren leben länger" veröffentlicht – wurde sogar zur Hauptdarstellerin eines kleinen zauberhaften Films, den Michael Verhoeven drehte: „Die poetische Geburtstagstorte". Diese Torte hatte ich anläßlich einer Festvorstellung für George Tabori im Akademietheater ihm gewidmet. Ich hatte keine Rede ‚gebacken', ich hatte für ihn eine Torte gebacken und ihm vor Augen von gewiß 511 Wiener Backexperten überreicht: die *Tabori-Torte.* Es ist tatsächlich eine poetische Torte, denn es ist eine französische Mandel-Torte à la Marcel Proust in der wienerischen Variante. George Tabori hatte die Widmung angenommen und so war es Jahre später in Berlin folgerichtig, daß ich zu seinem 92. Geburtstag in 18 Stunden 92 Tabori-Torten gebacken habe, die ihm und dem Publikum nach einer Festvorstellung seiner Inszenierung von „Warten auf Godot" vom ganzen Ensemble des Berliner Ensembles überreicht worden sind. In einer ¾ Stunde waren alle Torten ‚weggeputzt'. Michael Verhoeven hat es im Film dokumentiert!

DAS REZEPT

Die Dotter von vier großen Eiern und 80 g Rohrzucker fein schaumig rühren. Das Mark einer Vanilleschote dazugeben, 120 g ungeschälte, selbst geriebene Mandeln darunter rühren, dazu ein halbes Likörgläschen Marsala, und schließlich den steifgeschlagenen Eischnee unterheben. In einer gebutterten und mit Mehl bestäubten Springform (Durchmesser 17 cm) zunächst 20 Minuten bei 200 Celsius Unter- und Oberhitze, dann 25 Minuten bei 150 Celsius backen. Erst etwas abkühlen lassen, bevor die Springform vorsichtig geöffnet wird. (Für eine größere Torte die Mengen einfach verdoppeln.)

Das ideale Getränk zu dieser „*Gâteau aux amandes*" ist natürlich Champagner, und sie ist tatsächlich von Marcel Proust inspiriert, heißt es doch in *Auf der Suche nach der verlorenen Zeit:* „Die Kuchen aber tragen Wissen in sich, die Törtchen waren geradezu mitteilsam …"

Dietmar König
Schauspieler

Dank der eindrucksvollen Fotostrecke weiß ich endlich, wie die Dinger ihre Form bekommen!

Franzbrötchen

Irgendwo las oder hörte ich mal, dass „Exil-Hamburger", wenn sie wieder nach Hamburg kommen, erst einmal zum Bäcker gehen und sich ein Franzbrötchen holen. Ich bin zwar nun schon lange und sehr gern ein „Wiener", aber ich gebe zu, das was ich gelesen habe, stimmt. Sobald ich in *mein Hamburch komm,* hol ich mir einen Pott Kaffee und – ein Franzbrötchen. Im Laufe der Jahre hat es sich so eingespielt, dass ich selbstverständlich möglichst frisch gebackene mit nach Hause nach Wien bringe. Ohne für Jeden mindestens zwei im Gepäck zu haben, gäb´s Ärger oder, wie tatsächlich schon erlebt, halbherzige Begrüßungen mit der Frage: „...und, wo sind sie?". Das den Franzbrötchen lange Reisen, auf denen sie übereinanderliegend die Zeit verbringen müssen, nicht wirklich gut bekommen, spielt dabei interessanterweise keine Rolle.

Ich habe inzwischen einige Rezepte ausprobiert: mit Vorteig und über-Nacht-gehen-lassen, mit Butter-im-Teig und dreimal-gefaltetem-Teig, Teig kaltstellen, mit Orangensaft statt Margarine den Teig bestreichen etc.

Die Annahme, je komplizierter das Rezept, desto besser das kleine Franzbrötchen, hat sich nicht bestätigt. Deshalb hier dieses, vom Aufwand eher klein, vom Geschmack eher groß.

Teig:
1 Würfel Hefe
200g lauwarme Milch
500g Mehl
75g Margarine (oder weichen Butter)
50g Zucker
1 Ei
6g Salz

Belag:
75g Margarine (oder weiche Butter)
125g Zucker, Zimt

Die Hefe in der warmen Milch auflösen und mit den anderen Zutaten zu einem glatten Teig kneten oder von der Küchenmaschine kneten lassen. Den Teig an einem warmen Ort, am besten bei 40°C 30 Minuten gehen lassen, dann wieder kurz kneten und nochmals 20 Minuten gehen lassen. Den Teig ca 40x60cm groß ausrollen, die weiche Margarine darauf verstreichen und mit dem Zucker-Zimt-Gemisch bestreuen. Dann den Teig mit von der langen Seite zu einer Roulade aufrollen. Die Teigkante sollte unten liegen. Die Rolle in 2-3cm breite Stücke schneiden. Mit einem runden Kochlöffelstiel von oben auf die schmale Längsseite der Stücke pressen. Die Franzbrötchen noch einmal 15 Minuten an einem warmen Ort gehen lassen und je nach Backofenart bei 160-180°C 15 Minuten backen.

Philipp Hauss
Schauspieler

Mit Philipp verbindet mich das Interesse an Fremdsprachen. Er ist häufig in London und kann dort bestimmt schon diverse Dialekte unterscheiden. Eine besondere Großtat war der Besuch eines Arabischkurses in Dahab am Roten Meer, den wir nicht miteinander, sondern hintereinander besuchten. Bei seinem Rezept dürfte etwas durcheinandergeraten sein. Kommt bekanntlich auch in besten Küchen vor.

F·R·I·E·N·D·S

LOCKDOWN IN LONDON – FRIENDS GESCHAUT

HIER DAS REZEPT ZU RACHELS VERUNGLÜCKTEM COTTAGE PIE TRIFLE (EPISODE 9 STAFFEL 6)

Berry trifle recipe
– Serves 6, 30 mins to prepare, 147 calories/serving –

INGREDIENTS:
- 400g (13 oz) strawberries
- 2 tsp icing sugar
- 300g (10 oz) raspberries
- 300g (10 oz) cherries
- 250g (8oz) Madeira cake
- strawberry jam
- 4 tbsp rasberry or berry liqueur (optional)
- 500g (1Lb) Cornish custard
- 300ml (10oz) double cream

METHOD:

1. Hull and slice 400g strawberries, put them in a bowl and sprinkle with 2tsp icing sugar. Add 300g raspberries, squashing them slightly to release their juice. Pit 300g cherries, quarter them, then add to the strawberries and stir.

2. Cut 250g Madeira cake into slices. Press the slices together with strawberry jam to make sandwiches, then cut into small cubes.

3. Put these into the base of a trifle bowl and sprinkle with 4tbsp raspberry or berry liqueur (optional). Spoon in the fruit and leave for a while so that the juice from the fruit soaks into the cake.

4. Pour over 500g Cornish custard and shake the bowl carefully to fill the gaps.

5. Taste and season the meat with salt and pepper, adding more Worcestershire sauce if necessary. If it looks dry, pour in a little water but – Grandma tip – best not have the meat mixture too runny as the mash gets too soft later.

6. Put the meat into a large baking dish and top with the potato. Best to add it in lumps, then even out with a fork. Dot with small pieces of butter.

7. Put into the oven for about 40 minutes, untill the potato is crisp and slightly browns, then serve.

✗ ALTERNATIVES ENDE   " ALTERNATIVER ANFANG

5.

Hull and quarter a few more strawberries,
halve a few more cherries
and scatter these,
along with a handful of raspberries
over the top just before serving.

Perfect cottage pie made with minced beef and mash
(officially shepherds pie is with lamb and slice potato)

(To make a larger amount you may want to make 1 ½ times the recipe, or add more vegetables)
1kg floury potatoes, such as Maris Piper, peeled
150g butter
Knob of beef dripping (optional)
2 onions, chopped
2 or 3 carrots, diced
2 sticks celery, diced
1 small tsp dried thyme or mixed herbs
500g best lean mince beef
350ml good quality beef stock or Oxo cubes
1 tsp cornflour
Worcestershire sauce

1. Pre-heat the oven to 180C. Cut your potatoes into evenly sized chunks, and put in a large pan of cold, salted water. Bring to the boil and simmer until tender.
2. Meanwhile, heat 1 – 2 tablespoons oil in a pan over a moderate heat (AGA frying pan with lid is good), then add the vegetables. Soften, but do not brown.
3. Add the thyme, and then the beef. Brown it all over, and then add half the stock. Whisk the other half with the cornflour, and then stir into the meat mixture. Add a generous dash of Worcestershire sauce and allow to simmer on a low heat for 30 minutes, stirring a few times.
4. Drain the potatoes and mash with a generous slab of butter. Season to taste.

Sabine Haupt
Schauspielerin

Die Geduld, auf dieses Rezept zu warten, hat
sich gelohnt – nach zwei pikanten Rezepten hier
Sabines verführerisch süßer Menüabschluss.

Beerentörtchen

Für die Teigtaler:

- 30g geröstete Pinienkerne
- 40g Zucker
- 75g Mehl
- 50g weiche Butter
- abgerieb. Schale ½ Zitrone

Pinienkerne mahlen u. mit restlichen Zutaten zu Teig verarbeiten – 30 Min kaltstellen. ½ cm dick ausrollen, 8 cm Ø Kreise ausstechen. Auf Blech mit Backpapier 175°C 10 min

Für die Creme:

- 60g Mascarpone
- 60ml Sahne
- 1 EL Zucker
- Saft ½ Limette

Mascarpone + Zucker + Sahne mit Schneebesen verrühren, Limettensaft dazu, kaltstellen

Für die Beeren / Soße / Deko:

- 100g (gemischte) Beeren
- 50g Himbeeren / 25g Zucker → aufkochen + durch Sieb streichen
- Streifen von Bio-Limetten-Schale
- Hand voll geröstete Pinienkerne
- Minzblättchen

Teigtaler + Mascarponecreme + Beeren mit Schale, Pinienkernen + Minze dekorieren. Himbeersoße drüber u. drumherum

Thomas Hajny
Kunsttischler und Bühnenmeister
Theater der Jugend

Thomas liebt es, alten Dingen wieder neues Leben einzuhauchen. Dabei ist ihm nichts zu kaputt, aufwendig oder zeitintensiv. Uns verbinden viele gemeinsam ausgestandene und überstandene Möbelabenteuer, zuletzt ein Pult für Streckenpläne von einem Bahnhof an der tschechischen Grenze. Von der Truhenbank aus einem evangelischen Pfarrhof gar nicht zu reden.

Topfenknödel mit Brösel und Marillenkompott

Zutaten:

Knödel:
- 3 Becher Topfen
- 3 Eier
- 3 EL Brösel
- 1 Prise Salz, etwas Butter

Kompott:
- 1/2 kg Marillen
- 1/8 L Wasser
- 6 EL Zucker
- Saft einer Zitrone
- Vanillezucker, Zimtstange

Brösel:
- 300 g Brösel
- 50 g Butter
- Kristallzucker nach Belieben

Für die Brösel die Butter in einer Pfanne zerlassen. Die Brösel dazu, kurz anrösten und je nach Geschmack Kristallzucker beimengen.

Für die Knödel werden 2 Eier getrennt und vom Eiweiß Schnee geschlagen. Topfen, 2 Dotter und ein ganzes Ei verrühren. Butter und Brösel beimengen und 10 Minuten rasten lassen. Den Eischnee unter die Masse heben, Knödel formen, ins köchelnde Salzwasser geben und zugedeckt 5-7 Minuten köcheln lassen.
Die Knödel kurz abtropfen lassen und dann vorsichtig in den gerösteten Bröseln schwenken.

Für das Kompott werden die Marillen entkernt und geviertelt. Das Wasser mit Zucker, Vanillezucker, Zitronensaft und Zimtstange aufkochen lassen. Herd zurückdrehen, die Marillen dazu und so lange köcheln lassen bis sie weich sind.

Thomas Hajny

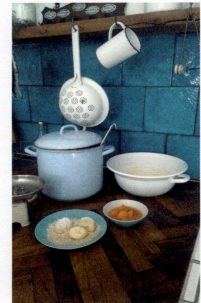

Andrea Unger
Reinigungsdienst
Theater in der Josefstadt

Woher stammt der Name *Kardinalschnitte*? Das heute unter Verschluss aufbewahrte Originalrezept ist eine Kreation der Wiener Konditorei Heiner anlässlich des Katholikentages 1933. Die Streifen aus Biskuit und Baiser sollen an die Farben des Vatikans (gelb und weiß) erinnern, die original verwendete Ribiselmarmelade an die Kardinalswürde. Halleluja, das schmeckt!

Kardinalschnitte

Eischnee-Masse
- 6 Eiklar
- 180g Zucker
- 2 EL Speisestärke

Fülle
- 2 Pkg. Schlagobers
- 2 Pkg. Sahnesteif
- Marillenmarmelade

Biskuit-Masse
- 2 Eier
- 1 Dotter
- 60g Zucker
- 1 Pkg. Vanillezucker
- 60g gesiebtes, glattes Mehl

Zum Bestreuen
- etwas Staubzucker

Zubereitung

Eischnee-Masse

1. Eiklar mit Zucker und Stärke steif schlagen. Die Masse in einen Spritzbeutel mit mittlerer Lochtülle füllen.
2. Auf ein mit Backpapier ausgelegtes Backblech, mit etwas Abstand, 4 Streifen Eischnee spritzen. Den übrigen Eischnee auf die Eischneestreifen spritzen.

Andrea Unger
Theater in der Josefstadt

Biskuit-Masse

3. Eier mit Dotter, Zucker und Vanillezucker mit dem Handmixer schaumig aufschlagen. Das gesiebte Mehl mit dem Kochlöffel unterheben. Die Masse in einen Spritzbeutel geben, und die kleinen Abstände zwischen den gespritzten Eischneestreifen füllen. Die Bahnen vor dem Backen mit Staubzucker bestreuen, damit beim Backen eine feine Kruste entsteht. Bei 175° Heißluft ca. 20 Minuten backen.

Fülle

4. Sahnesteif mit Schlagobers steif schlagen.
Die erkalteten Eischnee-Biskuit-Streifen vom Backpapier abziehen und in der Mitte durchschneiden. Mit Marmelade bestreichen und mit der Schlagobers-Sahnesteifmasse füllen. Danach die zweite Hälfte der Eischnee-Biskuit-Streifen darauflegen.

Mit Staubzucker bestreuen.

Viel Erfolg!

Andrea Unger
Theater in der Josefstadt

Kurzbiografien der Autorinnen und Autoren in Selbstbeschreibungen

Brigitte Aghemwenhio
Steirerin, seit 1995 im Theater in der Josefstadt. Hobbys: Kochen, Backen, Lesen, Nähen, Basteln. Verwöhnt Familie und Freunde gerne mit frisch zubereiteten Speisen.

Robert Joseph Bartl
Geboren in Garmisch-Partenkirchen. Ausbildung zum Schauspieler am Max-Reinhardt-Seminar in Wien. Engagements: Frankfurt, Düsseldorf und Münchner Residenztheater unter Dieter Dorn. Seit 2019/20 fest engagiert am Theater in der Josefstadt.

Sven-Eric Bechtolf
62, gewesener Intendant, ab und zu Schauspieler, seltener Regisseur, gelegentlich Zeichner, hie und da Autor. Kocht täglich.

Hermann Beil
Geboren 1941 in Wien, arbeitet seit 1983 am Theater als Dramaturg etc., von 1986-1999 am Burgtheater. Schrieb das Buch »Theaternarren leben länger« (Zsolnay Verlag Wien). Lebt in Berlin und gastiert überall.

Karin Bergmann
Geboren 1953 in Deutschland. Vierzig Jahre lang tätig im Theatermanagement in Bochum, Hamburg und Wien, davon fast ein Vierteljahrhundert am Burgtheater. Von 2014–2019 – nach 30 männlichen Vorgängern – erste Direktorin des Hauses seit der Eröffnung des Burgtheaters 1888 am Ring.

Stefanie Dvorak
Grazerin, Ausbildung am Max-Reinhardt-Seminar. Seit 1999 mit Herz und Seele Schauspielerin am Burgtheater. Kochen zählt nicht wirklich zu ihren Stärken, aber die Teilnahme am Theater-Kochbuch wollte sie sich nicht entgehen lassen.

Regina Fritsch
Geboren 1964 in Hollabrunn; nach der Matura Schauspielschule Krauss. Seit 1985 ist die Kammerschauspielerin Ensemblemitglied am Burgtheater. Trägerin des Alma-Seidler-Ringes und zweifache Nestroypreisträgerin. Mutter zweier Töchter.

Lena Fuchs
Geboren in Buchholz in der Nordheide. Seit 2007 für die Bereiche Presse und Marketing an verschiedenen Häusern tätig, zuletzt am Schauspielhaus Wien und am Volkstheater Wien.

Rainer Galke
Geboren, aufgewachsen und sozialisiert am Niederrhein (NRW). Seitdem auf kulinarischer Entdeckungsreise durch die Theaterstädte Deutschlands, seit 2015 auch in Österreich, vor allem in Wien.

Nikolaus Habjan
Puppenspieler und Regisseur. Wollte nie etwas anderes machen.

Norman Hacker
Sein Weg führte nach Studium und Engagement am Ensemble-Theater am Petersplatz in Wien über das Schauspielhaus Graz, das Thalia Theater Hamburg, das Deutsche Theater Berlin und das Residenztheater München wieder zurück in die großartige Stadt Wien und an das Burgtheater.

Thomas Hajny
Von wilden Möbel- und Fahrzeugkonstruktionen in der Jugend über Fachschule und Kolleg in Mödling hin zum Volkstheater und schlussendlich im Theater der Jugend Wien angekommen. Frischgebackener Bühnenmeister.

Alma Hasun
Geboren in Wien. Ensemblemitglied des Theaters in der Josefstadt. Arbeitet in Film und TV, z.B. mit Andreas Prochaska für »Das Wunder von Kärnten«, mit Simon Curtis für »Woman in Gold« und mit Mirjam Unger und Harald Sicheritz für »Vorstadtweiber«.

Sabine Haupt
Geboren in Frankfurt am Main, Studium in Hannover. Theaterstationen: Bielefeld, Thalia Theater Hamburg und seit 1999 das Burgtheater in Wien.

Philipp Hauss
Schauspielstudium am Max-Reinhardt-Seminar in Wien und Regieassistent bei Christoph Schlingensief. Seit 2002 Ensemblemitglied am Burgtheater. Seit 2006 Arbeiten als Regisseur. Studium der Philosophie und der Kulturwissenschaften an der Universität Wien.

Karl Heindl
Sicherheitsbeauftragter im Burgtheater seit 1999, verheiratet mit Japan.

Alexandra Henkel
Geboren in Erlangen. Ausbildung an der Hochschule für Musik und Theater in Hannover. Erstengagement 1994-2002 am Thalia Theater in Hamburg. Zahlreiche Auszeichnungen. Ensemblemitglied des Burgtheaters in Wien. Lebt ebendort zusammen mit Dietmar König, den gemeinsamen drei Kindern und Hund Lilo.

Doris Jaindl
Steirerin. Zog 2002 zu Studienzwecken nach Wien (Musikwissenschaft, Gesangspädagogik und Tonmeisterstudium). Anhaltende Liebe zum vielfältigen kulinarischen Angebot dieser Großstadt und zu einem ihrer Kollegen. Leiterin der Tonabteilung für die Wiener Festwochen und die Halle E & G.

Almasa Jerlagić
Ausstatterin und Kostümbildnerin, u. a. im Volkstheater Wien.

Daniel Jesch
Geboren 1974 in München, aufgewachsen in Krailling. Später Betreuung Schwerstbehinderter und Philosophiestudium. Ausbildung an der Theaterhochschule Zürich. Lebt, arbeitet und liebt seit Oktober 2002 (in) Wien. NB: Lernt Rollen gerne in der Küche!

Brigitte Karner
Schauspielakademie Zürich, Theaterengagements in Österreich, der Schweiz und Deutschland. Film- und Fernsehdarstellerin. Dozentin für Körpersprache.

Otmar Klein
Geboren 1951 und Wiener durch und durch. Gab ein Informatikstudium auf, um am Jazzkonservatorium Saxophon zu studieren. Spielte u. a. mit Hansi Lang, Drahdiwaberl, Falco und der ORF-Bigband. Als Multiinstrumentalist vierzig Jahre lang musikalischer Leiter am Burgtheater.

Peter Knaack
Geboren 1968 im hessischen Königstein im Taunus. Schauspielausbildung in München, Engagements an zahlreichen deutschsprachigen Bühnen, von 2009–2019 Ensemblemitglied des Burgtheaters. Seither freischaffend am Schauspiel Köln. Fernseh- und Filmproduktionen.

Bernhard Knapp
Geboren 1968, Ausbildung HTL Maschinenbau. Während seines Musikstudiums Beginn als Oberbilleteurstellvertreter im Volkstheater. Seit 2011 mit Partnern selbständiger Restaurantbetreiber. Mag Wandern, Radfahren und abendliches Schnapsen.

Dietmar König
Geboren in Hamburg und ebendort an der Hochschule für Musik und Theater zum Schauspieler ausgebildet. Ab 1992 Ensemblemitglied des Thalia Theaters Hamburg. Seit 2002 lebt er mit Alexandra Henkel, den gemeinsamen drei Kindern und Hund Lilo in Wien und spielt am Burgtheater.

Helmut Kulhanek
Jus- und Politikstudium. Zwischen 1995 und 2007 tätig in der Produktionsleitung bei »Alma. A Show Biz ans Ende« in Purkersdorf, Venedig, Lissabon, Los Angeles. Gesellschafter, Geschäftsführer und Produktionsleiter der Sommernachtskomödie Rosenburg.

Steffi Krautz
Geboren 1968 in Räckelwitz, Deutschland. Abitur in Landwirtschaft. 1988 bis 1990 Souffleuse am Theater Senftenberg/Lausitz, anschließend Schauspielausbildung in Rostock. 2006 bis 2015 am Schauspielhaus Graz, danach Volkstheater in Wien. Nestroy-Preis 2019.

Christoph Franz Krutzler
Südburgenländer. Theater gespielt, Filme gedreht, Äpfel gepresst, Wein gekeltert.

Corina Lange
Geboren 1971 in Siegen, Deutschland. Studium der Theater-, Film- und Fernsehwissenschaften, Germanistik und Pädagogik. Liebt, lebt, arbeitet und kocht seit 2001 in Wien. Verstärkt seit zwanzig Jahren das Team der künstlerischen Direktion des Burgtheaters.

Dörte Lyssewski
Schauspielerin, Sprecherin und Autorin in Wien, Berlin, Zürich, Salzburg und Paris. Seit 2009 im Ensemble des Wiener Burgtheaters. Sie erhielt unter anderen Auszeichnungen den Gertrud-Eysoldt-Ring, die Kainz-Medaille und zwei Nestroys.

Sona MacDonald
Gebürtige Wienerin, aufgewachsen in den USA. Seit 2005 Ensemblemitglied am Theater in der Josefstadt, 2014 Ernennung zur Kammerschauspielerin. Musical-Hauptrollen und Fernsehproduktionen. Zahlreiche Auszeichnungen, u. a. Nestroy in Wien.

Lucy McEvil
Lucy McEvil ist eine Kunstfigur aus Wien, die in vielen Sparten zu Hause ist: Schauspiel, Gesang, Performance. Nestroypreis 2017 für »Holodrio! Lass mich dein Dreckstück sein« (Regie Thomas Gratzer). 2019 Nominierung für den Publikumspreis des Nestroypreises.

Markus Meyer
Geboren und aufgewachsen im schönen Cloppenburg / Niedersachsen. Wahlheimat seit 2004: Wien. Diplom-Biochemiker und Schauspieler, leidenschaftlicher Bäcker, Koch, Tänzer, Hundebesitzer und Büchernarr.

Hans Mrak
Gebürtiger Tamsweger. Studium der Theater- und Filmwissenschaften in Wien und Los Angeles. Stationen als Dramaturg am Burgtheater und Volkstheater in Wien, aktuell am Stadttheater Klagenfurt. Wurde als Kind von den zwiebelessenden Handwerkern im »Sommernachtstraum« beim Fest in Hellbrunn fürs Theater bezaubert.

Lilli Nagy
Steirerin. Im Erstberuf Übersetzerin und Dolmetscherin für Russisch. Zweitberuf: Ärztin für Allgemeinmedizin und seit zwanzig Jahren Theaterbetriebsärztin. Parakulinarische Hobbys: Flohmärkte, Arabisch, Ägyptologie und Reisen.

Elisabeth Orth
geboren 1936 in Wien, Ausbildung am Max-Reinhardt-Seminar. Engagements: Ulm/Donau, Residenztheater München, Schaubühne Berlin. Seit 1970/71 Ensemblemitglied des Burgtheaters, dessen Ehrenmitglied und Doyenne.

Caroline Peters
Deutsche Theater- und Filmschauspielerin. Zog vor fünf Jahren von Berlin nach Wien und fühlt sich hier wohl: im Burgtheater, bei ihrem Mann und in der gemeinsamen Postkartengalerie »art postal« in Margareten.

Barbara Petritsch
Geboren in Schladming, aufgewachsen in Admont. Ausbildung zur Schauspielerin in Graz. Dreißig Jahre lang Engagements an vielen großen Häusern in Deutschland. Seit 21 Jahren am Burgtheater.

André Pohl
Schauspieler, seit 1986 in der schönen Wienerstadt. Engagiert am Theater in der Josefstadt. Seit vielen Jahren bei den Festspielen Reichenau sowie im Film und Fernsehen.

Portierloge Burgtheater
Immer zu Diensten in wechselnder Besetzung: Sabine Wallner, Reinhard Ganglbauer, Mario Wolf.

Matthias Riesenhuber
Seit 2018 Kaufmännischer Leiter des Wiener Schauspielhauses. Davor u. a. tätig im Betriebs- und Dispositionsbüro des Burgtheaters, als Chefdisponent am Theater Neumarkt in Zürich und als Kaufmännischer Geschäftsführer und Co-Leiter des Miller's Theater in Zürich.

Zoltan Röszler
Ungar. Seit 1987 in Wien, davon zwanzig Jahre als Herrenschneider und später Chef der Herrenabteilung am Theater in der Josefstadt. Seit nunmehr elf Jahren selbständiger Gewandmeister im eigenen Atelier im ersten Bezirk. Liebt Musik und lernt das Gitarrenspiel.

Udo Samel
Theater- und Filmschauspieler, Regisseur (Berlin).

Hermann Scheidleder
Volksschauspieler, geboren 1949 in Linz, Ausbildung am Mozarteum Salzburg. Jahrzehnte am Burgtheater. Film- und Fernsehproduktionen.

Peter Simonischek
Geboren 1946 in Graz. Schauspielausbildung an der Akademie für Musik und Darstellende Kunst in Graz. Theater- und Filmschauspieler. Von 2002-2009 »Jedermann«. Ehrenmitglied des Burgtheaters.

Andrea Unger
Waschechte Burgenländerin, spricht fließend Kroatisch. Seit dreißig Jahren im Theater in der Josefstadt; seit zwanzig Jahren Leiterin des Reinigungsdienstes.

Martin Vischer
Geboren 1981 in Basel. Schauspielausbildung an der HMT Leipzig. Engagements: Schauspiel Hannover, Schauspielhaus Wien, Burgtheater, Theater in der Josefstadt.

Günther Wiederschwinger
Geboren 1961 in Villach, Ausbildung an der Schauspielschule des Volkstheaters. Erste Rolle am Volkstheater 1986. Engagements an der Studiobühne Villach, am Theater Die Tribüne, Stadttheater Baden, Ateliertheater Basel. Seit 1990 Ensemblemitglied am Volkstheater.

Paul Wolff-Plottegg
Lebens-, Arbeits- und Kochstationen sans frontières. Garantiert Bio. Graz – Wien – Tübingen Kassel – New York – Berlin – St. Gallen – Schaan – München – Frankfurt – Stuttgart – Zürich – Mannheim – Hamburg – Klagenfurt – Basel – Esslingen – Wien – Bregenz – St. Pölten – Graz – München – Moskau – Wien.

Monika Yilmaz
Ungarin aus Tatabánya, seit siebzehn Jahren in Österreich, seit drei Jahren beim Reinigungsdienst im Volkstheater.

Kolophon

Bibliografische Information Der Deutschen Bibliothek
Die Deutsche Bibliothek verzeichnet diese Publikation in der
Deutschen Nationalbibliografie; detaillierte bibliografische
Daten sind im Internet über http://dnb.ddb.de abrufbar.

Copyright © 2020 Verlag Wolfgang Pfeifenberger,
5580 Tamsweg, Amtsgasse 15, www.pfeifenberger.at
Alle Rechte vorbehalten. Dieses Buch oder Teile dieses
Buches dürfen nicht vervielfältigt, in Datenbanken
gespeichert oder in irgendeiner Form übertragen
werden ohne die schriftliche Genehmigung des Verlags.

Lektorat: Mag.ª Eva Adelbrecht, Mariapfarr
Gesamtgestaltung und Satz: Michael Karner, Gloggnitz
Bildbearbeitung: pixelstorm, Wien
Druck: Samson, St. Margarethen

ISBN 978-3-901496-45-5
Printed in Austria